应用型本科汽车专业人才培养研究与实践

梅雪晴　吴华伟　张运军　著

中国水利水电出版社
www.waterpub.com.cn
·北京·

内容提要

本书分为5章，第1章为绪论，简单介绍全书主要内容，提出办学指导思想，体系构建的内容及意义；第2章介绍了车辆专业全过程实践创新培养体系的构建；第3章探讨了教学改革与实践创新模式；第4章着重校企融合，介绍面向全产业链的实践教学基地建设；第5章展现实践创新改革部分成果。

本书的出版是对以往工作的总结，也是对未来工作方向的整理和思考。对于操作层面，本书尽量介绍得更细致，考虑更周全，期望本书对从事车辆工程和汽车服务工程专业的高等学校教师和工程技术人员有参考价值。

图书在版编目（CIP）数据

应用型本科汽车专业人才培养研究与实践/梅雪晴，吴华伟，张运军著. —北京：中国水利水电出版社，2020. 12（2024. 1重印）

ISBN 978-7-5170-9045-8

Ⅰ. ①应… Ⅱ. ①梅… ②吴… ③张… Ⅲ. ①高等学校—汽车工业—人才培养—研究—中国 Ⅳ. ①F426. 471

中国版本图书馆 CIP 数据核字（2020）第 211473 号

书　　名	应用型本科汽车专业人才培养研究与实践 YINGYONG XING BENKE QICHE ZHUANYE RENCAI PEIYANG YANJIU YU SHIJIAN
作　　者	梅雪晴　吴华伟　张运军　著
出版发行	中国水利水电出版社 （北京市海淀区玉渊潭南路1号D座　100038） 网址：www. waterpub. com. cn E-mail：sales@ waterpub. com. cn 电话：（010）68367658（营销中心）
经　　售	北京科水图书销售中心（零售） 电话：（010）88383994、63202643、68545874 全国各地新华书店和相关出版物销售网点
排　　版	京华图文制作有限公司
印　　刷	三河市元兴印务有限公司
规　　格	170mm×240mm　16开本　10.5印张　191千字
版　　次	2021年1月第1版　2024年1月第2次印刷
印　　数	0001—2000册
定　　价	49.00元

前　言

为加强地方应用型本科院校人才培养，强化学生实践创新能力，本书作者明确应用型本科注重应用技术的办学定位，根据多年的教学和科研工作经验，结合襄阳区域产业特点，考虑校企融合的育人理念，提出大一到大四的全周期育人理念，构建“部件—系统—整车—检测—服务”的完整汽车产业链的校内校外实习实训基地，打造一个“教师—导师—工程师—企业家”工程化双师型指导团队，搭建“认知、生产、毕业、顶岗实习”与“专利、论文、项目、学科竞赛”融合的多维度全覆盖的实践能力培养平台，全面推进“全过程、全产业链、全覆盖”的应用型本科车辆工程专业实践创新体系的构建。经实践，取得了不错的教学效果，对大学教师的教学，对学生的就业、深造都形成了良好支持。为此，作者总结了教学实践中的经验和教训，编著了本书。

本书分为 5 章，第 1 章为绪论，简单介绍全书主要内容，提出办学指导思想，体系构建的内容及意义；第 2 章介绍了车辆专业全过程实践创新培养体系的构建；第 3 章探讨了教学改革与实践创新模式；第 4 章着重校企融合，介绍面向全产业链的实践教学基地建设；第 5 章展现实践创新改革部分成果。

本书的整理和出版是对以往工作的总结，也是对未来工作方向的整理和思考。对于操作层面，本书尽量介绍得更细致，考虑更周全，期望本书对从事车辆工程和汽车服务工程专业的高等学校教师和工程技术人员有参考价值。本书的出版得到湖北文理学院湖北省“ 机电汽车 ”优势特色学科群和纯电动汽车动力系统设计与测试湖北省重点实验室开放基金的资助，在此表示衷心的感谢！湖北文理学院新能源汽车研究团队的领导及同事对本书资料的收集和整理给予了无私的帮助和支持，在此一并感谢！

由于作者水平有限加之时间仓促，书中难免存在疏漏之处，恳请广大读者提出宝贵意见。

作者

2020 年 6 月

作者介绍

梅雪晴，男，1977 年 10 月出生，湖北武汉人，车辆工程专业工学博士。湖北文理学院汽车实验学课程负责人，致力于车辆动力学与控制、汽车可靠性工程、车辆热管理技术等方面的教学科研工作。近五年先后参与省市级科研项目 6 项，主持 6 项汽车整车、总成、零部件设计与制造方面的校企产学研合作项目，发表中文核心以上学术论文 10 余篇；出版教材 2 部，主持 3 项湖北文理学院教学教改类项目；获得湖北文理学院教学成果特等奖 1 项、二等奖 1 项，获得襄阳市直教育系统“优秀党务工作者”荣誉称号。

吴华伟，男，1979 年 9 月出生，湖北襄阳人，工学博士，湖北文理学院汽车与交通工程学院汽车测试技术、汽车可靠性等课程负责人，“机电汽车”湖北省优势特色学科群“新能源汽车动力系统设计与测试技术”方向带头人，领取襄阳市政府专家津贴，荣获襄阳市优秀人才、湖北省第四批“博士服务团”工作先进个人。致力汽车、航空等交通领域的机电控制系统设计、仿真、优化及故障诊断及健康管理等方面的教学科研工作；近五年先后主持和参与国家“863 计划”项目 2 项，省部级科研项目 7 项，国防军工项目 4 项；发表中文核心以上学术论文 40 余篇；授权发明专利 13 项；完成教育部协同育人项目 2 项，出版学术专著 2 部、教材 4 部。获得中国创造学会创造成果一等奖（第一完成人）、湖北省科技进步奖 2 项（第一完成人）、机械工业联合会技术发明二等奖 1 项（参与），获得湖北文理学院教学成果特等奖 1 项（第一完成人）、二等奖 1 项（第一完成人），襄阳市青年科技奖。

张运军，男，1966 年 11 月出生，湖北谷城人，正高级工程师，湖北文理学院“产业教授”，领取湖北省省政府专项津贴。历任湖北三环锻造有限公司技术员、车间主任、副总经理，现任党委书记、董事长/总经理。主要研究方向为智能制造，主持国家工业强基工程 1 项，实施国家首批智能制造专项 1 项，完成湖北省省重大技术创新项目 3 项，主导/参与制订国际标准 1 项、国家/行业标准 8 项、地方标准 1 项，授权发明/实用新型专利 33 项，发表论文 6 篇，荣获湖北省科技进步一等奖 1 项、部级科技发明二等奖 1 项。

目　　录

第1章 绪论

汽车产业是世界上规模最大、最重要的产业之一，从某种意义上说，汽车产业的发展水平和实力反映了一个国家的综合国力和竞争力。中国汽车的产销量稳居世界第一，汽车产业关系着中国经济建设支柱产业中的汽车工业及交通运输业的振兴和发展，并对农业现代化和国防装备现代化具有重大的影响。《国务院关于印发节能与新能源汽车产业发展规划（2012—2020年）的通知》（国发〔2012〕22号）、《国务院办公厅关于加快新能源汽车推广应用的指导意见》（国办发〔2014〕35号）、《中国制造2025》等一批国家战略规划的实施，使得汽车行业重新开辟了发展之路，而新能源汽车和智能汽车的发展必将在国民经济中占据更主要的位置。

湖北是我国汽车工业大省，汽车产业是湖北的支柱产业，在全省经济发展中具有举足轻重的地位。《湖北省人民政府办公厅关于加快新能源汽车推广应用的实施意见》（鄂政办发〔2015〕24号）、《湖北省人民政府关于印发中国制造2025湖北行动纲要的通知》（鄂政发〔2015〕78号）、《湖北省新能源汽车及专用车产业"十三五"发展规划的通知》（鄂经信规划〔2017〕9号）等政策都在鼓励汽车及新能源汽车的快速发展。

襄阳市是湖北省汽车产业的重要发展基地，拥有众多的汽车零部件企业和汽车整车工厂。《襄阳市新能源汽车推广应用实施办法》《关于加快襄阳新能源汽车产业发展的实施意见》（襄政发〔2014〕23号）、《关于进一步加快新能源汽车推广应用的通知》（襄政办函〔2015〕48号）等文件的要求和精神，助推了襄阳市汽车产业的快速发展。

湖北文理学院是襄阳地区唯一拥有车辆工程专业本科生培养资质的高校，长期得到省、市政府的关心和支持，近年来得到了快速发展。湖北文理学院车辆工程专业2009年开始招收本科生，同年车辆工程专业成为湖北省重点学科，2011年车辆工程（新能源汽车）专业获批为"湖北省高校战略性新兴（支柱）产业人才培养计划项目"首批试点专业；建有"数字化虚拟仿真"省级实验教学平台，"汽车零部件制造装备数字化湖北省协同创新中心""湖北省电动汽车测控工程技术研究中心”“纯电动汽车动力系统设计与测试湖北省重点实验室”等一批省级平台。车辆工程专业每年招收本科生130名左右，专任教师24名，形成了自己的优势和特色，为地方经济社会发展提供了智力支持、科技支撑和人才保障。所培养的本科生超过40%留在襄阳地区汽车企业就业，为襄阳地区的汽车行业发展贡献了力量。随着国家对汽车行业转型发展的引导和相关企业自身发展的要求，对从事汽车行业的人才提出了更高的要求：既要掌握比较深的理论知识，又要具备较高的实践能力。这为车辆专业人才培养提出了更高要求。湖北文理学院车辆工程专业为解决“人才需求与社会需求不匹配”“课程内容重复、理论联系实际不足”“校内实践资源有限”“年轻教师不能妥善处理科研与教学关系”等问题，提出了一种以“分类指导、多方联动、竞赛护航、校企深度融合”的应用型本科车辆专业人才实践培养模式，从而进一步提升专业办学水平和服务区域经济发展的能力，为襄阳地区乃至湖北省经济社会发展提供智力支持。

湖北文理学院结合襄阳地区汽车产业特点和地方院校的区域特色，培养“牢基础、重实践、强创新”的应用型本科人才，在对车辆工程专业教学体系改革过程中加大实践教学比例，开展以实践为主的兴趣课堂。2013年的选修课学分占比为32.80%，实践教学学分占总学分的比例为23.66%。之后学院大幅修订培养方案，着重加强实践教学环节，2018年的选修课学分占比为36.11%，实践教学学分占总学分的比例为32.2%，并将课外实践与创新活动（8学分）纳入专业教育课程模块，制定了《车辆工程专业本科学生课外实践与创新活动学分实施细则》，使学生的课外实践与创新活动“全程化”“体系化”“课程化”“项目化”。图1-1给出了湖北文理学院车辆工程专业“全过程、全产业链、全覆盖”的应用型本科车辆工程专业实践创新体系的总体构建思路。

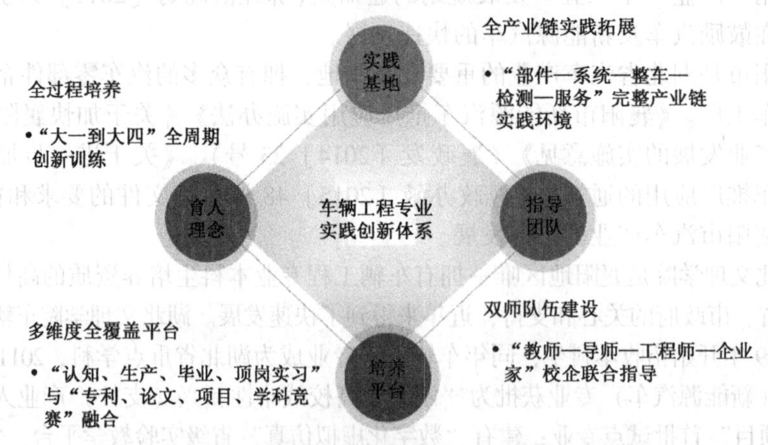

图1-1 实践创新体系总体构建思路

第2章

车辆专业全过程实践创新培养体系

汽车产业的发展水平和实力反映了一个国家的综合国力和竞争力。襄阳市是湖北省汽车产业的重要发展极，是我国重要的汽车城，拥有众多的汽车零部件企业和整车企业。2018年，国务院批准实施《汉江生态经济带发展规划》，明确了襄阳汉江流域中心城市、湖北省域副中心城市的战略地位。2019年，湖北省委省政府做出打造“一芯驱动、两带支撑、三区协同”的高质量发展区域和产业战略布局重大部署，明确提出支持襄阳落实国家新能源汽车发展战略，打造“全国重要的汽车及零部件产业基地”，建设“中国新能源汽车之都”，对汽车人才的需求也更为旺盛和突出。

根据襄阳市汽车产业发展特点，湖北文理学院早在1995年开始进行汽车检测与维修技术专科教育，2009年开始以车辆工程本科专业进行单独招生办学，车辆工程专业每年招收本科生约130人，2020年有车辆工程专业在校生437人。为充分发挥襄阳地域优势，多年来，湖北文理学院车辆工程专业教学团队一直致力于探索实践教学体系和实验教学方法的改革创新。

“大学之道，在明明德，在亲民，在止于至善”，这里的“亲民”做“新民”讲，不单是要亲近学生，更主要的是使学生每天有新的进步或进展。“大众创业，万众创新”已成为时代的主旋律。随着我国加入《华盛顿协议》，工程技术人才走向国际化，对学生毕业时应达到的各项能力与水平有了更清晰的要求。这些都要求专业教师在传道授业解惑的同时，应加强学生创新实践指导，探索如何以能力和需求为导向构建应用型创新人才培养实践体系，这对促进实践教学工作、提高实践教学质量具有重大意义。

本书结合襄阳区域产业特点，提出“大一到大四”全周期学科竞赛实践创新训练体系，搭建“认知、生产、毕业、顶岗实习”与“专利、论文、项目、学科竞赛”融合的多维度全覆盖实践能力培养平台，打造一个“教师—导师—工程师—企业家”工程化指导教师团队，全面推进“全过程、全产业链、全覆盖”的应用型本科车辆工程专业实践创新体系的构建。

2.1 大学四年全周期学科竞赛创新训练体系

通过大学一年级的创新意识培训、大学二年级的机械结构创新训练、大学三年级以方程式大赛为主的综合创新能力训练和大学四年级的科学研究项目训练，覆盖大学四年全周期的实践创新训练，构建赛教融合的实践创新能力培养体系，如图2-1所示。针对车辆专业特点和汽车行业需求，组建全国大学生节能减排社会实践与科技竞赛、中国“互联网+”大学生创新创业大赛、“挑战杯”全国大学生课外学术科技作品竞赛、全国大学生机械创新设计竞赛、全国大学生工程训练综合能力竞赛、全国三维数字化创新设计大赛、全国大学生方程式油车、电车、巴哈大赛、壳牌汽车环保马拉松、Honda节能竞技大赛、“恩智浦”杯智能汽车竞赛等为代表的学科竞赛体系。车辆工程专业教学团队按学科竞赛项目类别设立指导教师小组，负责竞赛的组织和管理，指导学生进行具体项目的培训、参赛等事项。

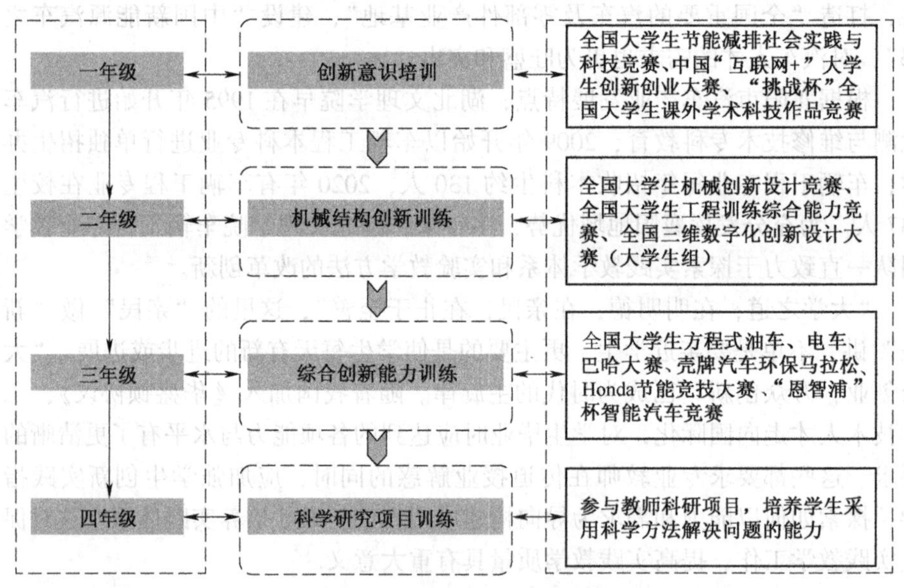

图2-1 大学全周期创新训练体系

学科竞赛是面向大学生的一种群众性科技活动。通过竞赛方式，考查学生对基本理论知识的掌握程度及解决实际问题、创新思维和团队协作能力。学科竞赛作为理论教学和实践教学的主要阵地，更是对实践教学的有益补充和延伸，三者相辅相成共同提升学生创新能力和专业综合素质。据了解，目前各类科技竞赛近 200 项，各高校都高度重视和大力支持，并将学科竞赛作为激发学生学习兴趣和潜能的方法，以及促进高校教学改革、人才培养、学风建设等的重要措施。

根据湖北文理学院 2014 版人才培养方案，结合襄阳区域产业特色，通过对全国各类学科竞赛的梳理，重点推广和实施了与车辆工程专业符合度较高的学科竞赛。

1. 与汽车相关的各类竞赛简介

（1）大学生方程式汽车大赛。中国大学生方程式汽车大赛（简称“中国 FSC”）是一项由高等院校汽车工程或汽车相关专业在校学生组队参加的汽车设计与制造比赛。各参赛车队按照赛事规则和赛车制造标准，在一年的时间内自行设计和制造出一辆在加速、制动、操控性等方面具有优异表现的小型单人座休闲赛车，并能够成功完成全部或部分赛事环节的比赛。

2010 年第一届中国 FSC 由中国汽车工程学会、中国 20 所大学汽车院系、国内领先的汽车传媒集团——易车（BITAUTO）联合发起举办。中国 FSC 秉持“中国创造擎动未来”的远大理想，立足于中国汽车工程教育和汽车产业的现实基础，吸收、借鉴其他国家 FSC 赛事的成功经验，打造一个新型的培养中国未来汽车产业领导者和工程师的交流盛会，并成为与国际青年汽车工程师交流的平台。中国 FSC 致力于为国内汽车人才的培养和选拔搭建公共平台，通过全方位考核，提高学生们的设计、制造、成本控制、商业营销、沟通与协调五方面的综合能力，全面提升汽车专业学生的综合素质，为中国汽车产业的发展进行长期的人才积蓄，促进中国汽车工业从“制造大国”向“产业强国”的战略方向迈进。

中国 FSC 是一项非营利的社会公益性事业，利在当代，功在未来。项目的运营和发展结合优秀高等院校资源、整车和零部件制造商资源，获得了政府部门和社会各界的大力支持以及品牌企业的资助。其对中国汽车产业未来的发展具有重要意义。

倡导自主创新，培育及选拔汽车产业人才，促进中国汽车产业自主研发与科技进步，提高中国汽车产业“引进—消化—吸收—再创新”和“自主创新”的能力，促进中国制造向中国创造的转型，推动中国汽车工业由民族品牌向世界品牌的跨越。

完善汽车人才培育机制，为中国汽车工业从“制造大国”向“产业强国”的战略方向迈进奠定人才基础。积极探索有效利用社会资源培养创新型人才的素质教育新体系。

搭建自主创新技术的国际交流舞台，帮助中国汽车产业的未来人才从世界汽车技术的革新潮流中不断获取新的启迪，以国际化的视野捕捉行业动态，丰富知识储备，积极参与国际汽车技术标准的更新与提升。

深化中国汽车产业自主创新的主流意识，强化中国汽车厂家在汽车人才培养、技术研发等方面的企业社会责任感，帮助众多汽车自主品牌积极探索自身广阔的发展空间。

（2）全国大学生节能减排社会实践与科技竞赛。全国大学生节能减排社会实践与科技竞赛是由教育部高等教育司主办，且唯一由高等教育司办公室主抓的全国大学生学科竞赛。该竞赛充分体现了“节能减排、绿色能源”的主题，紧密围绕国家能源与环境政策，紧密结合国家重大需求，在教育部的直接领导和广大高校的积极协作下，起点高、规模大、精品多，覆盖面广，是一项具有导向性、示范性和群众性的全国大学生竞赛，得到了各省教育厅、各高校的高度重视。本竞赛每年举办一次。全国大学生节能减排社会实践与科技竞赛主要是激发当代大学生的青春活力和创新实践能力，承办单位一般为上届表现突出的院校。目前几乎全国所有211大学都积极参与其中。

第一届全国大学生节能减排社会实践与科技竞赛于2008年在浙江大学成功举办，共有88所高校的505件作品参加了此次竞赛，参赛作品类型多、专业性强、涵盖面广，涉及能源、机械、资源、建筑、电气、海洋、社会、经济、矿业等多个领域。最终入围决赛的100件优秀作品来自55所高校，不仅有关系到国民经济重大发展的能源生产问题，如海上风力发电平台，太阳能梯级开发热利用系统及生物质能利用系统等作品；也有贴近日常生活节水节电的小发明、小制作，如厨房节能小助手，新型节能开关电源，厨余堆肥机等；还有一些作品紧跟“节能减排”领域的学术研究前沿。这些都展现了当代大学生对生活的认真观察和对于人类社会发展的高度关注。

第二届全国大学生节能减排社会实践与科技竞赛于2009年在华中科技大学举行，共收到168所高等院校的报名申请，其中，985高校21所，211非985高校25所，一般本科100所，高职高专21所，军事院校1所，最后收到159所高校提交有效作品共1 620件，经过形式审查和专家初审，评选出111件作品入围决赛。本届竞赛参赛规模和影响远远超过第一届。

第三届全国大学生节能减排社会实践与科技竞赛于2010年在北京科技大学隆重举行，来自全国各省市232所高校的1 868支代表队参加了本次大赛，直接涉及全国赛的学生和指导教师总人数达15 000人以上，师生总参与人数达30 000余人。经过专家委员会对众多参赛作品的认真评选，共推选出特等奖 8 项，一等奖 32 项，二等奖 95 项，三等奖 294 项。本届竞赛的竞赛委员会和专家委员会由院士、高校领导、“973 项目”首席科学家等 130 余人担任。同时，每一支代表队都配备至少一位相关领域专家进行密切指导，使参赛作品能够紧跟“节能减排”领域的学术研究前沿。通过作品的评审、展示，有效地促进了节能减排技术及相关领域的学术交流和学科交融。

第四届全国大学生节能减排社会实践与科技竞赛于 2011 年在哈尔滨工业大学举行。本次竞赛共收到 1 980 件参赛作品，参赛高校覆盖全国所有省、直辖市、自治区和港澳台地区。经过对作品的资格审查和形式审查，最后有来自 182 所高校选送的 1 673 件作品进入网评，其中科技类作品 1 391 件，社会实践类 282 件。网评过程中，邀请了全国各高校相关专业的知名教授 120 人，每件作品都经过了 3 名专家的网上认真评审。经过网评，146 所高校的 484 件作品进入专家会评，最终 73 所高校的 133 件作品进入决赛。作品内容覆盖各行业和日常生活的多个领域。

第五届全国大学生节能减排社会实践与科技竞赛在西安交通大学举行，此届参赛作品充分体现和诠释了“节能减排、绿色能源”这一大赛主题，积极推动了全社会节能减排活动的开展。第五届节能减排大赛从 73 所高校参与决赛评审的 141 件作品中，推选出了特等奖 9 项，一等奖 37 项，二等奖 90 项，此外还评出了三等奖 345 项，优秀组织奖 59 项。参赛作品充分体现了理论与实践的结合，大赛的筹办与组织充分体现了高校与企业的结合。本届比赛规模大，作品质量好，专家层次高，确保了大赛的质量，扩大了大赛在国内的影响力，进一步促进了节能减排技术及相关领域的学术交流和学术交融。赛事呈现出“四样精彩”，即“万人参与，千余作品，百所高校，十分优秀”。大赛不论从规模、覆盖面还是参与人数、作品数量和整体质量等方面都堪称“五届之最”。

第六届全国大学生（力诺瑞特杯）节能减排社会实践与科技竞赛在上海交通大学举行，据悉本次大赛共有 205 所高校参赛，覆盖全国所有省、自治区、直辖市和港澳台地区。收到有效作品 2 051 件，经过网络初评和专家会评，共有 72 所高校的 150 件作品入围决赛，并有来自普渡大学、挪威科技大学等海外知名学府派代表团前来观摩参展。本届全国大学生节能减排社会实践与科技竞赛在收到作品数量、参赛人数、观摩人数、国际化程度等方面均创历届新高，有效提高了大学生科技创新能力和社会实践水平，完美诠释了“节能减排，全民行动”的低碳宣言。

第七届全国大学生（金川杯）节能减排社会实践与科技竞赛在昆明理工大学举行，该届竞赛主题为“节能减排，绿色能源”，参赛作品须紧紧围绕该主题并必须是体现新思维、新思想的实物制作（含模型）、软件、设计和社会实践调研报告，共有252所高校报名，收到有效作品2 395件，均创历届新高。经过网络初评和专家会评，共有71所高校共160件作品进入了决赛。其中特等奖8项，一等奖54项，二等奖98项，三等奖430项。据悉，教育部高等教育司理工处吴爱华处长也参与了闭幕式。

第八届全国大学生节能减排社会实践与科技竞赛在哈尔滨工程大学举行。大赛共收到全国281所高校的2 534件作品，经过网评、会评等层层筛选，最终来自全国68所高校的161件涉及能源、机械、资源、建筑、电气、海洋、社会、经济、矿业等多个领域的节能减排作品集中“亮相”。大赛“角逐”出最具“节能减排、绿色能源”理念的科技或社会实践作品。中国工程院院士岑可法，教育部能源动力学科教学指导委员会专家、黑龙江教育厅和各高校校长等相关成员出席竞赛开幕式。值得关注的是，2015年苏州高新创业投资集团也首次加盟到竞赛中。

第九届（荣威新能源杯）全国大学生节能减排社会实践与科技竞赛在江苏大学举行。本次大赛本着以“节能减排，绿色能源”为主题，以增强大学生节能环保意识、科技创新意识和团队协作精神为目的，共有300所高校报名参加，收到有效作品2 839件，均创历史新高。经过网络初评和专家会评，最终确定来自全国90所高校的180件作品进入决赛。其中特等奖10项、一等奖53项、二等奖116项、三等奖547项。本次大赛参赛作品内容涉及各行业和日常生活的多个领域，除创造了参赛高校、参赛作品历届最多的纪录之外，还得到行业企业的特别关注和积极参与，并首次设立了“荣威新能源”特别奖，为激励大学生创新创业发挥了重要作用。教育部高等教育司和教育部能源动力委员会领导也参加了本次大赛的闭幕式。

第十届（神雾杯）全国大学生节能减排社会实践与科技竞赛在北京华北电力大学举行。本届竞赛共有343所高校报名参加，提交有效作品3196件，参赛学生人数超过16 000人，参与高校和作品申报数量创历史新高。经过310名专家网络评议、50名专家现场评议，共有101所高校的189件作品进入全国决赛。2017年8月9—11日，中国工程院院士岑可法、教育部高等教育司理工处吴爱华处长、北京市教委领导、北京市昌平区领导、教育部高等学校能源动力类专业教学指导委员会专家等出席竞赛开闭幕式。经过作品现场展示、评委评审和分组答辩等环节的角逐，最终10件作品获大赛特等奖，63件作品获大赛一等奖，116件作品获大赛二等奖，86所高校获大赛优秀组织奖。本届竞赛组委会对10年来竞赛开展工作做了全面的回顾，充分展示了竞赛10年所取得的丰硕成果。本届竞赛获奖高校覆盖全国31个省、自治区、直辖市，决赛共邀请 20 余家节能环保方面的企业观摩作品展示，首次引入“启迪之星”作为赛事孵化合作方，为企业和参赛队伍搭建沟通合作的桥梁，为大学生的参赛作品提供了成果转化专业服务平台，决赛期间共有 4 家企业与 10 支参赛队伍达成合作意向并进行现场签约仪式，签约数量为历届竞赛最多。

（3）壳牌汽车环保马拉松。这项比赛是一项独特且颇具挑战的全球教育创新项目，邀请科学、技术、工程和数学等学科的学生自己动手设计、制造和测试超级节能的车辆，并在赛道上以“用最少的燃料，跑最远的路”为目标一较高低。1985 年，壳牌汽车环保马拉松在法国正式启动。2019 年，中国大学生“壳牌汽车环保马拉松”挑战赛首次在北京举办。比赛分为“原型车”和“概念车”两个组别，每组又分内燃机、电动和氢燃料电池三个类别。

（4）Honda 节能竞技大赛。大赛以“有效利用有限资源，不破坏公共环境，为子孙后代造福”为核心，以“挑战一升，环保一生”为最高宗旨，目的是提高全社会的节能和环保意识。赛车在指定的赛道内跑完赛程，比拼谁所消耗的燃油最少。Honda 节能竞技大赛各参赛队通过自我创意，设计出赛车参与角逐。在竞技比赛中，既可体验“竞技”“创造”与“交流”的乐趣，又可体验到“低油耗就是环保”，为保护人类的生存环境贡献自身绵薄之力的崇高责任。

（5）全国大学生工程训练综合能力竞赛。这项竞赛是教育部高等教育司发文举办的全国性大学生科技创新实践竞赛活动，秉承“竞赛为人才培养服务，竞赛为教育质量助力，竞赛为创新教育引路”的宗旨，面向全国各类本科院校在校大学生，实行校、省（或多省联合形成的区域）、全国三级竞赛制度。2019 年第六届全国大学生工程训练综合能力竞赛，在往届“无碳小车类竞赛”项目的基础上，增加了“智能装备类竞赛”项目。

（6）全国大学生智能汽车竞赛。全国大学生智能汽车竞赛是以智能汽车为研究对象的创意性科技竞赛，是面向全国大学生的一项具有探索性的工程实践活动，是教育部倡导的大学生科技 A 类竞赛之一，是中国高等教育学会将其列为所有学科中 19 个含金量最高的大学生学科竞赛之一。本竞赛以“立足培养，重在参与，鼓励探索，追求卓越”为指导思想，旨在促进高等学校素质教育，培养大学生的综合知识运用能力、基本工程实践能力和创新意识，激发大学生从事科学研究与探索的兴趣和潜能，倡导理论联系实际、求真务实的学风和团队协作的人文精神，为优秀人才的脱颖而出创造条件。

本竞赛过程包括理论研究、电路设计、车模机械结构设计制作、智能控制算法设计与实现、整车调试、现场比赛等环节，要求学生组成团队，协同工作，初步体会一个工程性的研究开发项目从设计到实现的全过程。竞赛涵盖了自动控制技术、模式识别技术、传感器采集与实时处理技术、电子电路技术、计算机技术、智能控制算法和高性能控制器等多学科专业知识。该竞赛以设计、制作在指定赛道上能自主稳定、可靠行驶且具有优越性能的智能模型汽车为任务，鼓励大学生组成团队，综合运用多学科知识，提出、分析、设计、开发并研究智能汽车的机械结构、电子线路、运动控制和开发与调试工具等问题。

本竞赛组别的设置每年都有变化，2018 年设置的组别有四轮光电组、三轮电磁组、两轮直立组、无线节能组、双车会车组、信标对抗组、创意组、室外公路挑战赛。

2. 学科竞赛团队

通过全周期的创新实践训练、成立竞赛团队、建设双师专人指导队伍、优先配置资源、制定创新学分、奖励以及传帮带等各项激励制度，打造以大学生方程式赛车、节能车、智能车为代表的全员参与的赛教研融合的学科竞赛培养模式。

成立以大学生方程式赛车、节能环保车、智能小车为代表的“大、中、小”三个规模较大的学科竞赛团队，三个团队基本覆盖了车辆工程专业近 80%的学生，加上其他竞赛，可实现车辆工程专业学生 100%全覆盖。同时吸纳了 50 余名其他专业的学生加入车队，学科差异性使学生学会从不同的角度思考并提出解决问题的方法，更有利于打破束缚、拓宽视野，进而培养学生的创新思维。同时为每个车队制定团队管理办法和工作方案，并利用微信、微博、网站及时发布车队的各类宣传信息。

各车队的基本情况见表 2–1。

表 2–1 各车队的基本情况

序号	名称	规 模	主 攻 方 向
1	方程式车队	约 120 人，其中油车 50 人，电车 50 人，baja 车 20 人	全国大学生方程式赛车大赛
2	节能车队	约 65 人，节能减排 20 人，壳牌 20 人，Honda 车 15 人，无碳小车 10 人	节能减排、全国大学生工程训练综合能力竞赛、Honda 节能竞技大赛
3	智能车队	约 60 人，智能汽车 30 人，电子设计大赛 30 人	全国大学生智能汽车竞赛、电子设计大赛
4	其他	约 50 人	交通科技、三维数字化设计等

3. 各项激励措施及互帮互助制度

（1）各类资源的优先配置：为车队配置了专用教室、试制准备间、模拟赛道，配备了基本的计算机和各类软件、制造工具等，每年投入50多万元用于各类竞赛。同时，如3D打印机、测功机、悬架性能测试台架、电控可靠性实验室、GPS随车性能测试系统等必备实验设备设施，在满足正常教学科研情况下，优先开放给车队使用。

（2）优化课程考核机制：参加各类学科竞赛，可抵相关实践和课外学分，增强学生参与的积极性。

（3）学科奖励机制：在学校的单项奖学金基础上，制定了《大学生学科竞赛奖励办法》，对教师和学生参加学科竞赛进行单独奖励，极大提高了学生和教师参与的积极性。

（4）传帮带协作机制：车队的稳定性和延续性，对提高学科竞赛优质发展具有重要作用，因此各车队非常重视团队的传承性，大一学生跟着老队员学习机械和电气基本制图与计算能力，给老队员做帮手。大二学生重在学习设计能力，独立承担车的某一部件或系统负责人；大三学生知识和能力较全面，是车队的核心主力。

车队还通过开展经验分享的活动，让参赛经验丰富、有获奖经历的队员为新进队员进行培训并传授经验，以老带新，达到互相学习、互相促进的目的。

4. 学科竞赛、教学、科研相辅相成

教书育人、科学研究、社会服务是大学老师的基本任务。学科竞赛与教学、科研，三者相辅相成。学科竞赛中优秀参赛作品既可直接与企业进行成果转化，也可转化为老师实践教学内容，抑或转化为高层次科研成果，如论文、专利等。

湖北文理学院车辆工程专业每位教师都要加入一个团队，指导学生一个学科竞赛，在与学生交流中，实现教学、科研、学科竞赛的相互促进、协调发展。经过5年的实践，湖北文理学院车辆专业近80%的学生经过了大、中、小各类车类学科竞赛的训练，学生创新意识大大提升，自我管理和自我学习能力得到加强，对未来也充满信心。截至2020年6月学生已取得省级以上学科竞赛奖项70余项、发表论文50余篇、授权专利40余项，就业率和考研率常年稳居全校前列，学生综合能力得到用人单位的一致好评。

2.2　多维度全覆盖实践能力培养平台

全面汇集校内外资源，通过产教融合、校企协同育人的人才培养模式，搭建

“认知、生产、毕业、顶岗实习”与“专利、论文、项目、学科竞赛”融合的多维度全覆盖实践能力培养平台，以满足不同年级、不同层次学生的实践创新需要。

为进一步培养学生创新能力，将教师科研课题与学生能力培养相融合。教师指导学生开展科学研究、撰写科技论文、申报专利，培养学生采用科学方法研究相对复杂的问题，设计实验、分析数据、通过信息综合得出合理结论的能力。截至2020年6月，车辆工程教学团队指导学生发表论文20余篇，授权专利和计算机软件著作权20多个。例如将科学研究项目“转向节智能检测系统”的研究成果应用汽车测试技术课堂教学中，使学生深刻理解测试装置的基本特征，常用传感器原理及其测量电路，信号调理、处理与记录等专业知识；将国家自然基金项目“任意边界条件下半空间近场声全息技术研究”部分研究成果应用于汽车振动教学过程中，激发学生对汽车振动与噪声研究的浓厚兴趣。在科研项目的带动下，教师在长期的科研实践及教学实践中，理论联系实际，将科研的思维方法及成果融入教学中，使学生体会科研过程，极大促进了学生参与科研的积极性。

校外实践基地建立了教室—寝室—车间—娱乐完整的学习和工作相结合的生活空间。基地为大学生配备了专用实习教室、科研工作室、研发室、生产车间、娱乐室和寝室，初步具备了多层次、个性化，满足不同年级、不同类型需要的学生和教室实践训练项目，包括认识实习、社会实践、科研训练、技术攻关、项目联合等。通过全产业链的形式完成了书本—实践—书本的教学体系，构建学校—学生—用人单位—社会多赢的人才培养模式，以服务学校“应用型本科人才”，增强学生实践动手能力，完善教师教学组织和方法。

同时，为加强毕业设计的实用性和工程性，近年来，80%学生的毕业论文题目来自教师科研项目（含校企合作项目），一人一题，真题真做，使学生综合能力得到切实提高。通过毕业设计，使学生接触到学科前沿内容，指导教师帮助学生们尽快了解课题研究意义，明确目标，深入课题设计中，这一方式均受到学生和企业的一致好评。如2018届深入三环锻造企业现场实施毕业课题研究的学生中，有12名学生毕业后直接工作于该单位，一入职就上手，受到企业好评。2019届多名毕业生深入东风襄阳旅行车有限公司参加校企合作项目的整车开发研究课题，学生们的工程实践能力得到了很大程度的提高，人人感触深刻、受益匪浅。

2.3 校企联合的双师型教学团队

为实现建设地方特色鲜明的高水平应用型综合性大学的宏伟目标，学校提出了“扎根襄阳、融入襄阳、发展襄阳、服务襄阳”，并出台相关支持政策，如暑假的“进企业、进乡村、进社区”的“三进”活动和“百名博士、教授服务百村百企”的“双百”活动，结合湖北省、襄阳市的博士服务、团科技特派员等活动，通过挂职、招聘、柔性兼职等形式，吸引有一定工程背景的技术人才，有企业工作经历的优秀人员充实到教学团队。经过多年建设，目前湖北文理学院车辆工程专业形成了一支以中青年教师为骨干、老中青结合，职称结构、年龄结构、学缘结构日趋合理的长期合作且稳定的双师型教学队伍。

截至 2020 年 6 月，湖北文理学院车辆工程教学团队 21 名固定成员中有“双师”背景的教师 8 人，同时柔性引进 10 名来自武汉理工大学、中国海洋大学及东风襄阳旅行车有限公司、湖北三环锻造有限公司、国家汽车质量监督检测中心（襄阳）、国家动力电池检测中心（襄阳）等国内外著名高校和企业的成员作为团队外聘和兼职教授。

实行校企融合的课程“双师制”。对于工程应用和现代工具使用等教学内容，邀请企业技术骨干走进课堂；课程中设置一些工程化的实践项目，如在汽车测试技术及传感器课程中设置“管道埋深及腐蚀检测”“地面状态识别”“轮胎磨损识别”“整车性能测试”“仪表系统检测”“无人驾驶小车”“锻造余热利用系统”等现代汽车典型测试应用，由企业和学校共同完成教学。

为有效促进湖北文理学院车辆专业的发展，尤其是新进教师的快速成长和发展，针对年轻教师刚走出校园、不能妥善处理科研与教学关系，无法快速投入学校“内涵建设、服务地方经济”潮流中的问题，结合团队多年与企业合作经验，多次与新进教师谈话传授经验，当了解他们“科研热情有，校企合作胆量不够”的心情时，专门带领团队成员多次利用寒暑假进入企业开展“三进”活动：收集教学素材、案例，调研企业需求，开展知识讲座、联合攻关等。团队成员全年先后深入湖北三环锻造有限公司、东风襄阳旅行车有限公司、东风汽车电子有限公司、湖北长鑫源新能源汽车有限公司、湖北群龙汽车有限公司等企业。

与企业对接，了解企业需求，用行动和实效来赢得企业认可，撬开校企深度合作大门。如在与东风汽车电子有限公司的合作中，从 2013 年开始，每年暑假团队都主动深入企业一线中，从设计部门、生产车间到总装检验，一个部门一个部门地转，从图纸、工艺到现场焊装，一点一点地看。同企业员工一起，熟悉企业研发流程，找出实际生产中的不足之处，运用所学知识及团队力量予以解决。团队的真诚付出和出色表现，赢得了企业上自领导下自一线工人的高度赞扬和钦佩，获得了源源不断的校企研发项目。2017 年，团队与东风汽车电子有限公司联合开展“新能源轻型商用车集成式电驱控制器的研究及应用”，获批 2017 年湖北省技术创新重大专项支持。“中重商用车模块化多功能智能仪表平台开发及应用”，获湖北省科技进步三等奖。“纯电动汽车动力系统设计与测试平台”项目，获得中央引导地方科技发展专项资金支持。

第3章 教学改革与实践创新模式探讨

汽车产业从业人员是指汽车产业中所有的从业人员，人才则是指汽车产业中具有一定的专业知识或专门技能，进行创造性劳动，并对产业发展做出重要贡献的人，是人力资源中能力和素质较高的劳动者，一般是指研发人员、技术人员、销售人员、管理人员以及其他职能人员，不包括基础的普通工人等。

自2000年起，中国汽车行业产销增长率均达到两位数，并在2016年一举超越北美成为全球最大的汽车市场。为了满足市场膨胀的迫切需求，中国汽车产业近年来飞速扩张，除了进一步扩大津京冀、长三角、珠三角等六大汽车产业集群规模，还在除西藏、青海、宁夏外的所有省份建设了整车制造厂。但由于市场和产业的快速膨胀，导致中国汽车产业一直处于“贫血”状态，人才方面极度匮乏，存在较大的缺口。2016—2018年中国汽车产业从业人员缺口及人才缺口统计如图3-1所示。

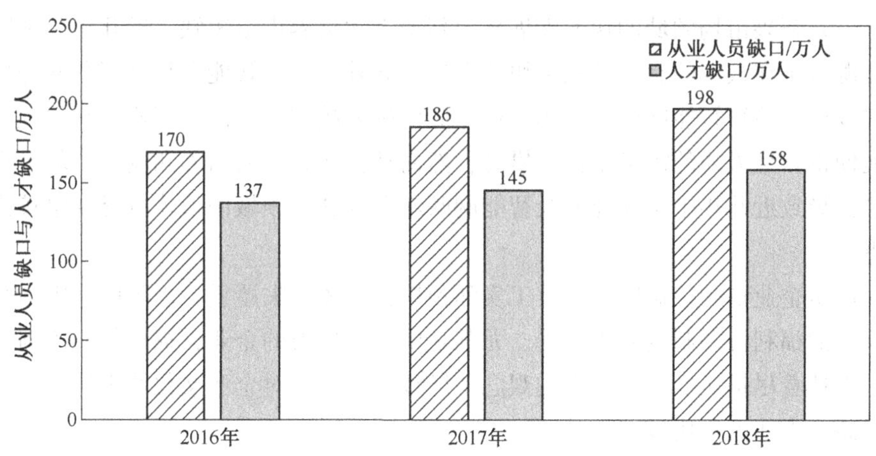

图3-1　2016—2018年中国汽车产业从业人员缺口及人才缺口统计

根据新思界产业研究中心发布的《2019—2022年中国汽车产业人才市场

深度调研及未来发展趋势研究报告》，2016—2018 年，中国汽车产业从业人员缺口及人才缺口均呈现扩大态势；其中从业人员缺口从 2016 年的 170 万人增长至 2018 年的 198 万人；人才缺口从 2016 年的 137 万人增长至 2018 年的 158 万人。

新思界产业分析师表示，中国汽车产业人才主要包括技术人才、研发人才、销售人才以及其他职能管理类人才等，其中技术及研发人才是需求量最大的人才种类，同时也是近年来缺口最大的人才种类。综合而言，近些年，中国汽车产业人才缺口持续扩大是由多重因素综合导致的。

一是教育培养体系上的不完善。近年来，尽管国内高校数量较多，但是中国高等教育接受率仍较低，高端层次人才供给缺口较大，并且高校的课程设置以及人才培养过程中“重理论、轻实践”，导致人才在上岗后与实际脱节。另外，中国高职教育和中职教育在中国传统的受教育理念中一直处于被看低的境况，高职教育学校和中职教育学校发展一直处于不温不火的状态。此外，在培训市场上，针对汽车相关领域的培训项目和培训企业较少，人才输出能力较差。

二是汽车产业人才培养周期较长。汽车产业相关的技术及研发等人才，对个人的专业素养要求较高，人才培养周期相对较长。然而，中国汽车产业的快速发展，使得对人才的需求量快速上升，中国社会现有的培养力难以达到产业发展的速度，在人才供给上捉襟见肘，导致行业从业人员缺口较大。

三是新兴市场领域的快速发展导致新型人才培养供给短缺。近几年，中国新能源汽车在政策的有力推动下快速发展，此外，人工智能和移动互联网等技术的发展，使得智能网联在汽车产业发展中越来越重要。汽车产业新兴领域的发展使得新型人才的需求量快速攀升，然而社会在人才的培养和输送上却出现断层，导致近几年中国新能源及智能网联汽车等新兴领域内人才匮乏现象较为严重。

四是企业福利待遇跟不上员工实际预期，人才流失严重。现阶段，中国企业职工的福利待遇制度尚不完善，尤其是中小型规模的企业，福利待遇体制落后，秉持着尽量压低待遇水平的观念，导致员工无法对企业文化产生认同感和归属感，人才流失比较严重。

为适应我国企业对工程应用型人才的需求，教育部于 2006 年启动了工程教育专业认证试点工作，开始构建工程教育质量监控系统。目前，工程教育专业认证已经全面开展。

3.1 以课程群为基础的教学团队改革

学校对作为湖北文理学院车辆工程专业（含新能源汽车方向）、汽车服务工程专业的核心专业课程汽车测试技术开展了教学改革试点工作。汽车测试技术作为汽车、信息、控制等学科的集合与体现，具有课程内容丰富、信息量大、发展更新快、应用性强等特点。随着汽车智能化、网联化的发展，高水平应用型测试人才不仅要具备测试技术的基础理论和测试方法，更要具有较强的工程素养和实践能力。传统“重理论、轻实践、灌输为主、教学方法单一、实践不充分”的教学模式难以满足新时期学生应用型创新能力的培养。急需从社会和行业需求、学生知识结构和课程体系的整体出发，采用多手段、多渠道、多实践的引导和启发式教学。

针对目前汽车测试技术前序课程缺乏配合，内容重复；重理论，轻实践，理论联系实际不足，应用意义不甚明确；重知识，轻技能；教材、教学大纲的建设滞后，不能满足培养的需求；教学内容单一，不能激发学习兴趣等问题，根据湖北文理学院2014版车辆工程专业培养方案和工程教育专业认证及学校创建“高水平地方综合性应用大学”的要求，学生应具备机械设计、电子技术、自动检测及控制技术等宽广领域的工程技术基础和深厚车辆工程应用能力的专业知识，围绕培养学生应用型创新测试能力，以专业内涵建设为抓手，整合优化教学资源，湖北文理学院创建了测试类课程群，着重培养学生的车辆设计和测试认证创新与实践动力的能力，构建强有力的测试类课程群教学团队。

团队的核心目标就是培养基础理论知识扎实、专业发展能力和综合素质强的具有较强创新精神和实践能力的一流应用型本科人才；以教学工作为主线，以精品课程和优秀实验室为建设平台，坚持教学与科研并重的团队建设理念，以教学带动科研，以科研促进教学，建成一支年龄、职称、学历结构和学缘关系较为合理，以中青年教师为主体的热爱教育事业、教学水平高、发展后劲强、充满活力，富有创新意识、创业精神和很强的凝聚力，教学和科研相得益彰的团队。

3.1.1 团队成员组成

吴华伟，博士，副教授，汽车测试技术、汽车可靠性课程负责人，从事测试技术、可靠性教学、科研；孙艳玲，副教授，主讲电工电子基础；聂金泉，博士，讲师，从事控制算法、自动控制原理教学与研究，主讲单片机原理、自动控制原理；梅雪晴，博士，讲师，从事汽车振动及疲劳教学与研究，主讲汽车构造；何银山，高级工程师，东风汽车电子有限公司，电机及整车控制器测试；吴波勇，高级工程师，就职于国家汽车质量监督检验中心（襄阳），从事新能源汽车整车测试；刘枫，工程师，就职于国家动力电池产品质量监督检验中心（襄阳），从事新能源汽车电池检测；景文倩，博士，讲师，青年教师，从事汽车振动、噪声教学与研究，主讲汽车振动学；丁华锋，博士，讲师，青年教师，主讲机械原理、有限元分析；张海波，博士，讲师，青年教师，从事汽车传动教学与研究，主讲汽车振动学。

3.1.2 长期建设任务及推进措施

长期建设任务：经过3~5年的建设，构建一支年龄、职称、学历结构和学缘关系较为合理，以中青年教师为主体的热爱教育事业、教学水平高、发展后劲强、充满活力，富有创新意识、创业精神和很强的凝聚力，教学和科研相得益彰的教学团队，力争获批校级以上的示范教学团队。建设目标包括：出版特色教材1~2部；建立校级示范实习基地1个；教学基本功大赛获奖1~2项；发表教研论文8~10篇；获批省级教研项目1~2项；指导学生发表论文3~5篇；指导学生申请专利10项，授权3项；指导学生获得省级以上竞赛项目1~2项。

推进措施包括以下几项。

（1）根据湖北文理学院2014版人才培养方案，课程组重新修订汽车测试技术课程教学大纲。通过删减测试技术与单片机原理、高等数学、控制工程理论、电工电子、汽车理论等相关联课程的重复内容，大大压缩课程学时，由原来的54个学时压缩为40个学时。

（2）突出学生主体学习的创新和应用能力。增加实验学时及其在总学时中所在的比例，由原来6个学时，增加为10个学时，由11%提升为25%。增加电动汽车测试技术实验部分，鼓励学生通过论文、创新训练、科研项目、企业实践等方式取得相应的实践学分。

（3）建立案例库。根据湖北文理学院所在地——襄阳地方经济特色，联合襄阳汽企，将企业一线的测试用例纳入课程中。如将东风汽车电子有限公司的转速传感器产品和仪表性能检测台作为教学案例，从测试台方案、原理、设计、数据采集、滤波、数据处理、显示和报表等方面进行实例讲解。学生普遍反映效果好，特别是对驱动电机选型和采集传感器、数据处理等方面有了深刻理解和掌握。

（4）校内、校外课题实验相结合的教学方法——工程案例分析及实践。课题研究教学法主要有：①学生查看文献资料，教师指导学生了解问题现状和解决工程设计中的问题，并指导学生掌握文献综述和科技论文的写作方法，以培养学生的学术能力和工程实践能力。②通过教师的科研项目吸纳有兴趣的学生进入课题组，实现科研、教学相长。将科研过程中一些有意义并已得到解决的问题和项目引入课程中，让学生充分发挥主观能动性，自主发现问题、利用自己所学的知识解决问题，以培养学生的科研探索能力。同时，教师也可以及时发现学生的不足，从而有针对性地改进课程。另外，学生的一些创造性的认识也会给科研教师提供一定启发。因此，课程组利用自己的科研项目自主设计、设置了若干个适合学生创新训练的实验项目。如将基于近场声全息的三维质点振速传感器灵敏度测量、电池管理系统健康状态管理纳入汽车振动测试系统中，使学生对加速度传感器及数据傅里叶变换作用有了更加明确的认识和理解。③鼓励学生参加各种大学生竞赛，尤其是中国大学生方程式汽车大赛（油车、电车）和中国汽车工程学会巴哈大赛（Baja SAE China），湖北文理学院分别组织TSD、飚扬、凌远三支车队。队员主要来自湖北文理学院车辆专业，该赛事本身创新性很强，如果学生全程参与制作过程并参赛，可获得相应的课程创新成绩。④虚实结合，利用Curious、Matlab、Labview等仿真软件，建立相关汽车试验模拟模块，对于汽车各方面性能进行模拟试验。充分利用纯电动汽车动力系统设计与测试湖北省重点实验室中的混合动力测试、电机测试等平台开设贴近行业的试验项目；结合襄阳汽车产业优势，与东风襄阳旅行车有限公司、国家汽车质量监督检验中心（襄阳）、湖北三环锻造有限公司、东风汽车电子有限公司等单位建立校企实习实训基地，根据课程设置，定期组织学生到企业进行试验参观及辅助试验，有助于学生熟悉汽车行业常见软件，同时可以帮助学生对试验参数处理及评价有更深的理解和掌握，提高学生与社会的融合度。

（5）讲座拓展训练前沿技术。邀请北京理工大学、武汉理工大学、西安交通大学、东风汽车股份有限公司、国家汽车质量监督检验中心（襄阳）、东风汽车电子有限公司等国内著名高校、企业一线经验丰富的学者、专家来校讲学。

（6）考核、评价方式的改革。针对原来课程考核“重结果，轻过程”的方式，本课程组经过探索将平时成绩由原来的30%提高到60%，平时成绩除常规的考勤、作业、实验成绩外，加入了课程创新和科研训练考核，综合出“创新论文+科研成果报告+试题库期末考试”相结合的考核方式。

3.1.3 团队2017年建设成果

1. 专业建设情况

2017年，团队成员围绕本科教学审核评估这一核心工作，以测试类课程教学为抓手，以应用型人才培养为目的，通过校内、校外课程实践，自学与辅导，产学研用相结合等方式，完成了车辆专业审核评估和2016级车辆专业认知实习；助力“机械工程”工程硕士学位点申报工作；召开2017年车辆专业人才培养研讨会；升级改造了学生校内科研训练平台等；完成了实习实训基地的建设和规划；承办了湖北省新能源汽车标准年会及牵头成立襄阳市机械工程学会。图3-2为教务处领导为湖北三环锻造有限公司实践教学基地授牌，图3-3为2017年暑假2016级学生认知实习时的合影。

图3-2 教务处领导为湖北三环锻造有限公司实践教学基地授牌

2. 课程建设情况

（1）完成了课程组内相关课程的互动、融合，并对新能源汽车混合动力、电机控制、可靠性测试等教学、科研平台进行梳理与归类。与东风襄阳旅行车有限公司、东风汽车电子有限公司、湖北三环锻造有限公司、国家动力电池产品质量监督检验中心（襄阳）等一线车企、检测机构建立了合作关系，签订了课程共建协议及测试相关技术开发合同，为学生创新实践奠定基础。

（2）梳理汽车测试类课程群与人才培养相符度。在机械工程一级学科下面，以机械制造、车辆工程、汽车服务工程、工业工程等本科专业为主，构建

图 3-3　2017 年暑假 2016 级学生认知实习时的合影

了“地方特色鲜明、切合地方经济发展”的车辆专业群。我们将单片机原理、电工电子技术、汽车传感器与测试技术、控制理论基础、汽车性能试验、汽车振动学相结合，共同组建汽车测试技术课程。原课程体系设置和原课程体系重复性见表 3-1 和表 3-2，整合后的测试技术课程群开设情况见表 3-3。

表 3-1　原课程体系设置

序号	课 程 名 称	理论学时	实践学时
1	单片机原理	36	10
2	电工电子技术	90	18
3	汽车传感器与测试技术	46	8
4	控制理论基础	40	6
5	汽车性能试验	36	10
6	汽车振动学	36	0
合 计		284	52

表 3-2　原课程体系重复性

序号	课 程 名 称	电路部分（运放、滤波器、AD、电桥）	信号分类及动态特性	频域分析，傅里叶变换	测控实例
1	单片机原理	√			√

续表

序号	课 程 名 称	电路部分（运放、滤波器、AD、电桥）	信号分类及动态特性	频域分析，傅里叶变换	测控实例
2	电工电子技术	√	√		√
3	汽车传感器与测试技术	√	√	√	√
4	控制理论基础		√	√	√
5	汽车性能试验	√			√
6	汽车振动学			√	√

表 3–3 整合后的测试技术课程群开设情况

序号	课 程 名 称	理论学时	实践学时
1	测试硬件（数字电路、模拟电路、单片机、CAN 总线）	110	34
2	感知执行层（传感器、EDA）	28	26
3	算法决策层（信号分析及控制理论基础、仿真等）	54	12
4	综合实训（整车测试、系统测试、零部件测试）	0	36
5	拓展创新实践（科研、竞赛、企业实践等）	0	12
合 计		192	120

（3）突出应用型人才培养，增强学生实践实习能力。2017 年团队成员指导学生参加社会实践和实习 400 余人次，授权专利 2 项，发表论文 3 篇，参加省级以上各类竞赛 7 项：其中 2017 年中国大学生方程式汽车大赛（FSC）于 11 月 12—17 日在湖北襄阳梦想方程式赛车场举行，本次大赛吸引了来自全国的 78 支油车、43 支电车、7 支无人驾驶车队，总计 128 支车队。湖北文理学院 TSD 方程式赛车队（油车）和飚扬车队（电车）自主设计制作的赛车在大赛中获得佳绩，油车在全国高校 78 支参赛队伍中获得综合排名 21 名的好成绩，其在高速避障项目中排第 15 名，获全国二等奖，进入 A 组方阵；电车实现历史性的突破，首次完成所有比赛项目，并取得综合排名第 15 名、全国二等奖的优异成绩。图 3–4 为 2017 年 3 月部分本科生和研究生参加汽车复杂锻件检测实践时的合影，图 3–5 为车辆专业研究生参加东风汽车电子有限公司汽车测试技术课程实践时的合影。

图 3-4　2017 年 3 月部分本科生和研究生参加汽车复杂锻件检测实践时的合影

图 3-5　车辆专业研究生参加东风汽车电子有限公司汽车测试技术课程实践时的合影

（4）团队科研与教学相得益彰。团队 2017 年度获批国家基础研究项目 1 项、省部级以上项目 4 项；省部级以上科技奖励 1 项、科技成果鉴定 2 项、成果转化 2 项；授权发明专利 1 项、实用新型专利 10 项；发表 SCI、EI 检索论文 3 篇，专著 1 项，计算机软件著作权 15 项，教材 1 部；签订企业横向项目 9 个。具体见表3-4～表 3-9。

表 3–4 省部级以上项目

序号	名　称	主持人	课 题 来 源
1	任意边界条件下半空间近场声全息技术研究	景文倩	国家自然科学基金青年基金项目
2	新能源轻型商用车集成式电驱控制器的研究及应用	吴华伟	湖北省技术创新重大专项
3	纯电动汽车动力系统设计与测试平台	吴华伟	中央引导地方科技发展专项
4	汽车转向节轻量化技术研究及开发	吴华伟	高校产学研合作后补助
5	新能源汽车动力系统匹配与测试	吴华伟	高校产学研合作后补助

表 3–5 科研奖励

序号	名　称	主持人	课 题 来 源
1	中重型商用车模块化多功能智能仪表平台开发及应用	吴华伟	湖北省科技进步三等奖

表 3–6 论文专著情况

序号	成 果 名 称	期刊或出版社	成果类别	作者
1	Effect of the quenching residual stress on ductile fracture behavior of pre-stretched aluminum alloy plates	Journal of the Brazilian Society of Mechanical Sciences & Engineering	SCI 四区	丁华锋
2	Synthesized N1, N2-bis (furan-2-ylmethylene) Benzene-1, 2-diamine as a Corrosion Inhibitor for 20# Carbon Steel in 1 M Hydrochloric Acid	Int. J. Electrochem. Sci.	SCI	肖作安、吴华伟
3	基于 GPS 与图像融合的智能车辆高精度定位算法	交通运输系统工程与信息，2017 年第 3 期	EI	吴华伟
4	大型固定翼多轮交通工具制动系统研究	南京大学出版社	专著	吴华伟
5	电动汽车测试技术及传感器	南京大学出版社	教材	吴华伟、聂金泉

表 3–7 成果转化及成果鉴定

序号	成 果 名 称	成果类别	主持人
1	汽车转向节缺陷管理系统 V1.0	成果转化	汪云、吴华伟
2	一种润滑油油品检测装置	成果转化	吴华伟
3	汽车组合仪表测试系统	EK2017E14007000615	吴华伟、张远进
4	中重型商用车模块化多功能智能仪表平台开发及应用	工信部 3392017Y0072	吴华伟、聂金泉

表 3-8　专利知识产权情况

序号	主持人	成 果 名 称	成果类型
1	汪云	一种电机控制器的冷却密封装置	发明专利
2	丁华峰	一种淬火铝合金板的拉伸系统及拉伸方法	发明专利
3	吴华伟	车胎使用寿命检测系统及方法	发明专利
4	聂金泉	新能源汽车行驶警示系统及方法	发明专利
5	吴华伟	驾驶员坐姿自动调整系统及方法	发明专利
6	吴华伟	飞机刹车系统的轮速采集系统及轮速采集方法	发明专利
7	吴华伟	驱动装置以及具有其的浇注模具	发明专利
8	吴华伟	一种基于萤火虫算法优化 BP 神经网络的最佳滑移率识别器	发明专利
9	吴华伟	一种电机保护电路	实用新型专利
10	吴华伟	一种具有高精度的电机对托试验台架	实用新型专利
11	吴华伟	一种可保护线束的无刷电机控制器检测装置	实用新型专利
12	吴华伟	一种用于不同型号电机测试的电机测试台	实用新型专利
13	吴华伟	一种具有稳固性的用于锂离子电池检测的外壳结构	实用新型专利
14	吴华伟	一种锻件温度检测装置以及锻造生产辅助系统	实用新型专利
15	吴华伟	纯电动自动循迹农用牵引车	实用新型专利
16	吴华伟	带纯电动自动导航机构的农用牵引机	实用新型专利
17	吴华伟	一种电动农用牵引机	实用新型专利
18	吴华伟	一种电机绕组测温传感器	实用新型专利
19	王敏旺、张远进	48 V 纯电动车辆前端信息显示系统 V1.0	计算机软件著作权
20	吴华伟、张远进	飞机轮速传感器检测系统 V1.0	计算机软件著作权
21	吴华伟、张远进	复杂环境下锻件身份识别系统 V1.0.1	计算机软件著作权
22	吴华伟、张远进	基于图像识别的检测系统 V1.0	计算机软件著作权
23	汪云、吴华伟、张远进	汽车转向节缺陷管理系统 V1.0	计算机软件著作权
24	吴华伟、张远进	商用车磁电式轮速传感器检测系统 V1.0.1	计算机软件著作权
25	吴华伟、张远进	汽车组合仪表测试系统 V1.0.1	计算机软件著作权
26	吴华伟、张远进	商用车仪表生产管理系统 V1.0.1	计算机软件著作权
27	吴华伟、张远进	商用车霍尔式轮速传感器检测系统 V1.0	计算机软件著作权
28	吴华伟、张远进	智能调度与生产排产 MES 系统 V1.0	计算机软件著作权
29	吴华伟、张远进	学生人脸识别系统	计算机软件著作权

续表

序号	主持人	成 果 名 称	成果类型
30	吴华伟、张远进	基于机器视觉的物料废料剔除系统	计算机软件著作权
31	吴华伟、张远进	涂层厚度缺陷管理系统 V1.0	计算机软件著作权
32	吴华伟、张远进	电机转子检测管理系统 V1.0	计算机软件著作权
33	吴华伟、张远进	电动汽车蓄电池组在线监测系统 V1.0	计算机软件著作权

表 3-9 校企合作项目

项 目 名 称	主持人	项目来源
新能源商用车故障代码系统规范	聂金泉、吴华伟	(T/HBXQ1—2017)
转向节能智能检测系统	吴华伟	HX2017067
汽车轮速测试及仿真软件系统开发	吴华伟	HX2017049
一种润滑油油品检测装置	吴华伟	HX2017047
汽车转向节缺陷管理系统	汪云、吴华伟	HX2017048
插电式电动商用车开发	汪云	HX2017046
数字化焊接成套设备	丁华锋	HX2017016
3D 打印增材自动化成套设备	聂金泉	HX2017015
硬质合金冷植焊接技术在锻造模具上的应用	张远进、吴华伟	HX2017057

（5）教材建设。根据教师和学生，以及用人单位反馈的情况，2017 年出版《电动汽车测试技术及传感器》教材 1 部；出版专著 1 部；2018 年出版教材《汽车可靠性》，专著《大型固定翼多轮交通工具制动系统研究》（ISBN 978-7-305-18409-3，南京大学出版社）和《电动汽车测试技术及传感器》（ISBN 978-7-305-19645-4，南京大学出版社）。

（6）教学改革项目与学生指导。指导学生省级竞赛 7 项；申请各类教学改革项目 5 项（校政发教〔2017〕32 号）。具体见表 3-10。

表 3-10 教学改革和学生学科竞赛获奖情况

序号	成果/业绩名称	奖励类别	牵 头 人
1	车辆工程专业建设团队	专业建设团队	梅雪晴
2	新进教师基本功大赛	教学竞赛奖	景文倩
3	《汽车可靠性工程基础》立体化教材建设项目	教学研究类	景文倩

续表

序号	成果/业绩名称	奖励类别	牵头人
4	汽车测试类课程群教学团队	教学团队	吴华伟、孙艳玲、聂金泉、丁华锋、景文倩、梅雪晴等
5	电动汽车测试技术及传感器	特色教材	吴华伟、聂金泉、景文倩
6	湖北三环锻造有限公司汽车复杂零部件轻量化及智能锻造实践教学基地	实习基地	吴华伟、孙艳玲、丁华锋，湖北三环锻造有限公司
7	指导学生参加全国三维数字化设计大赛10周年精英联赛，湖北赛区一等奖	省级一等奖	秦涛、吴华伟
8	指导学生参加全国三维数字化设计大赛10周年精英联赛获得湖北赛区二等奖	省级二等奖	秦涛、吴华伟
9	第五届全国大学生工程训练综合能力竞赛湖北赛区8字形赛项	省级三等奖	聂金泉、吴华伟

（7）青年教师培养培训。为有效促进湖北文理学院车辆专业的发展，在汽车测试类教学员团队基础上，走“教学和科研相结合”之路，重点围绕新能源汽车的人才培养、学科建设和科学研究进行，2017年，团队有7名博士、多名硕士研究生。团队成员多次利用寒暑假进入企业，用行动和实效赢得了企业认可。2017年，针对现有电动汽车控制器分散、可靠性不高等问题，团队与东风汽车电子有限公司联合开展“新能源轻型商用车集成式电驱控制器的研究及应用”，设计开发了一款高效、可靠的集电机控制、高压配电、DC/DC于一体三合一集成式电驱控制器，并实现产业化。该项目成功获批2017年湖北省技术创新重大专项支持（2017AA133，鄂科技厅通〔2017〕95号文）。

与东风汽车电子有限公司合作的“中重商用车模块化多功能智能仪表平台开发及应用”，开发了一种高可靠性的通用化智能仪表平台。项目产品累计销售超过30万套，新增销售收入超过2.7亿元，新增利润超过4 000万元，增强了湖北省汽车仪表自主产品的竞争力。东风汽车电子有限公司在中重型商用车仪表市场占有率由2013年的10%提升到2016年的20%以上。该项目已成功申报湖北省科技进步三等奖（2018年获批）。

此外，通过产学研协同创新机制，与东风汽车电子有限公司、国家动力电池检测中心（襄阳）、东风襄阳旅行车有限公司、湖北三环锻造有限公司等车企申报的“纯电动汽车动力系统设计与测试平台”项目，研究开发了一批具有自主知识产权的新能源汽车动力系统集成控制技术、专用测试工艺和工具、关键试验装备和主导产品，构筑了高效纯电动汽车动力系统设计与测试专业性技术创新平台，并成功获得了中央引导地方科技发展专项资金项目100万元的支持（鄂财政〔2017〕80号文）。

“教学、科研、社会服务”是高校教师的基本职责，在今后的工作中，汽车测试类教学团队将以更加积极主动的态度，发挥好学生、团队、企业、高校间的桥梁纽带作用。

3.2 课程思政改革

大学肩负为国家培养社会主义合格建设者的重要使命，大学生不但要具备专业的技能与知识，而且要有坚定的理想信念。为实现全程育人、全方位育人以及开创我国高等教育事业发展新局面的要求，专业课教育在构建大学生思政理论、综合素养、专业知识的相统一方面，以及实现“知识传授与价值引领相结合”中发挥着重要作用。

3.2.1 汽车测试技术课程思政改革

从课程思政目标、挖掘课程相关的思政能量、采用贴近生活的工程化案例教学、师德师风教育、实践思政等方面教育学生学好专业技能，感恩父母、回馈社会，构建汽车测试技术课程思政育人机制。课程教学始终以马克思列宁主义、毛泽东思想、邓小平理论、“三个代表”重要思想、科学发展观、习近平新时代中国特色社会主义思想为指导，以党的十九大精神为指引，牢固树立“四个意识”，坚定“四个自信”，自觉做到“两个维护”。通过深入挖掘专业核心课程的育人功能，落实立德树人根本任务，把思想政治工作贯穿教育教学的全过程。汽车测试技术课程思政总体框架如图 3-6 所示。

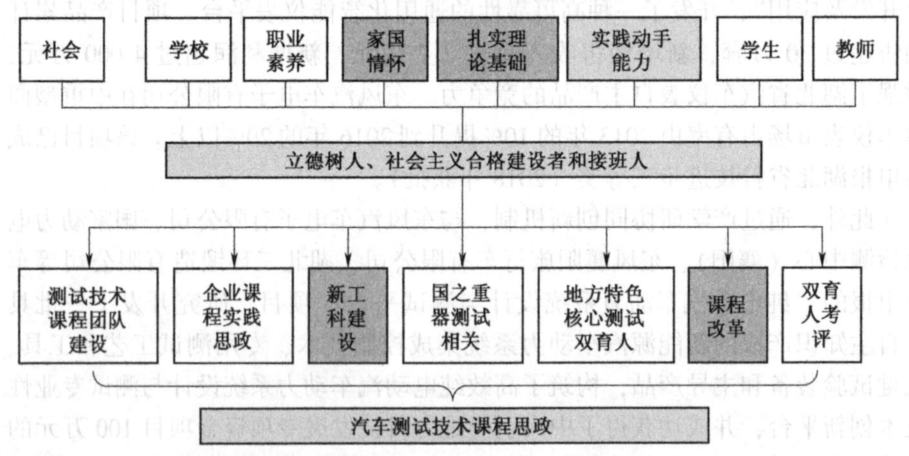

图 3-6　汽车测试技术课程思政总体框架

（1）放眼全国，挖掘国之重器中的测试技术，启发学生家国情怀。全国测试技术相关的双育人案例见表 3-11。

表 3-11　全国测试技术相关的双育人案例

全国测试技术相关的典型案例	知识要点	思政要点
中国汽车工业的发展	汽车	艰苦奋斗、自力更生
中国制造 2025、新能源汽车发展规划	测试和传感器相关知识	为国奋斗、担当
探月工程	深空系统测试技术	航天精神
大飞机	传感器	航空精神

（2）立足襄阳本地，挖掘与测试技术相关的具有地方特色的正能量的人和事，如中国最大转向节、亚洲最大试车场、最先进的国家智能网联车实验中心、中国最大火箭滑轨试验场和降落伞基地……激发和培养学生为国奋斗、爱岗敬业、勇攀高峰、自强不息的品质。襄阳本地的测试技术相关的思政案例见表 3-12。

表 3-12　襄阳本地的测试技术相关的思政案例

襄阳本地核心企业测试技术相关案例	知识要点	折射的思想
湖北三环锻造有限公司——中国最大商用车转向节企业	检测系统	艰苦奋斗、爱岗敬业、职业素养
国家汽车质量检测试验中心（襄阳）——亚洲最大试车场	整车性能检测	精益求精、无私奉献、心怀天下
国家智能网联汽车质量监督检验中心（湖北）——国内首批	无人驾驶、智能汽车	技术引领、汽车高质量发展
航宇救生装备有限公司——中国最大火箭滑轨试验场和降落伞基地	传感器技术	自强不息、顽强拼搏、团结协作、开拓创新
…	…	…

（3）加强师德师风建设，通过课程群和教学团队建设，完善和丰富课堂内容，激发学生学习兴趣，提高课堂效率。

汽车测试技术教学团队中的每一位教师，常态化开展师德师风学习，以新时代高校教师职业行为十项准则为标准，争做“四有”好教师，并集合学校井冈山“理想信念教育”培训班“不忘初心、牢记使命”主题教育骨干培训班、“传统文化素养与办学治校能力提升”培训班等活动，与班级骨干学生集中轮训，重温历史，坚定理想信念，让信仰点亮人生，提升讲课授课、传道解惑能力。

以课程群的形式对电工学、单片机原理、自动控制原理、汽车实验学等汽车测试技术相关课程进行改革、浓缩、提炼，解决课程门数多、学时多、相互之间重复交叉、理论与实践教学相脱离等问题。

以“工程化案例教学”为突破口，激发学生学习主动性，在实例中学习基础知识，掌握相关理论分析方法，增强学生对实际工程问题的分析能力和解决能力。通过“管道埋深及腐蚀检测、地面状态识别、轮胎磨损识别、整车性能测试、仪表系统检测、无人驾驶小车、锻造余热利用系统、驱动系统检测”等典型案例的讲解和整理，将汽车测试技术知识点梳理成测试硬件、感知执行层、算法决策层三个层次，激发和引导学生的学习兴趣，增强学生对知识应用的综合把控能力。

以新工科建设为契机，强化工科学生的家国情怀、全球视野、法治意识和生态意识，培养设计思维、工程思维、批判性思维和数字化思维，提升创新创业、跨学科交叉融合、自主终身学习、沟通协商和解决复杂工程问题的能力。开展校企联合创新实践，注重过程和方法的培养，形成校内、校外、导师项目的三种实践性机制，强化实践的实用性和工程性；形成完备的课程论文研讨及学术交流活动机制，加强学术规范和学术诚信教育、优化课程内容，倡导前沿技术。

(4) 形成了政府、行业、区域企业、学校多方联动协同育人机制，建立企业课程思政课堂。在襄阳市 20 多家汽车企业建立实习实训基地的基础上，邀请襄阳市机械工程学会、湖北新能源创新标准联盟、襄阳市汽车工程学会等，组建了汽车测试技术课程协同育人委员会，联合制定课程大纲、培养目标、实践方式以及企业思政等。

在学生实践和未来工作的主战场建立校外思政育人基地。通过邀请区域优质企业先进党务工作者走进校园和课堂，培养学生的奋斗、担当精神。如邀请湖北省“五一劳动奖章”获得者，湖北三环锻造公司党委书记、董事长、总经理张运军为学生进行两创融合助推传统锻造行业转型升级、复杂锻件智能精锻技术等讲座，邀请湖北省优秀党务工作者蒋德超给学生做企业奋斗发展的思想报告：公司从一个谷城县城农机修理厂，发展到全国最大商用车转向节生产企业，产品出口到戴姆勒-奔驰、达夫、塔塔等国际著名车厂上，靠的就是一代代锻造人“不忘初心、牢记使命”、艰苦奋斗、勇于创新的精神。

(5) 建立健全双大纲考评体系。在常规的考勤、作业、实验成绩基础上，采用试题库，并加入了论文诚信、课程创新和科研训练考核，鼓励学生通过论文、创新训练、科研项目、企业实践等方式取得更优质的加分项。

变结果考核为过程考核，吸纳学生参与课程考核中，通过学生之间的互评及学生对教师的教学反馈，提高课堂实效性。第一节课公布课程考核方式，严格课程作业、实验，通过课程论文、小组讨论等过程的规范化和制度化，尤其是平时作业和小论文，严禁抄袭，一经发现，本课程成绩记为零分、情节严重者上报学校，培养学生诚实守信品质和独立分析问题、解决问题、团结协作的能力。如将班级分成 10 个小组，就汽车上典型传感器应用及新技术进行小组展示，学生需调研车企、收集资料、撰写资料，并制作 PPT、汇报演讲等协同完成课程考核。

3.2.2　汽车服务工程基础课程思政改革

汽车服务工程基础作为汽车服务工程专业的专业基础课，既具有较强的系统性和完整性，又具有很强的工程实践性。汽车服务工程课程包含汽车营销、汽车物流、汽车售后、汽车维修、汽车美容装饰与改装、汽车配件与用品、汽车金融、事故车定损理赔、二手车服务、汽车回收再生、汽车文化等内容，各部分内容关联度不高，甚至相互独立。因此，该课程具有点多面广、学科跨度大等特点。其各部分内容思政教育资源的挖掘点也有很大差异。

通过课程的学习，引导学生认识到汽车服务从业人员的职业素养、劳动保护和环保意识、合作与沟通等职业能力的重要性；引导学生严格执行相关操作规范，培养良好的职业习惯；培养学生自觉遵守交通法规的习惯和环保意识；培养学生知难而上和独立思考的能力，以及专注创新、认真严谨的精神。通过重难点的分析与解决，让学生学会运用全面、发展的观点看问题，正确对待生活工作中的顺逆境，养成积极进取的人生态度；帮助学生养成认真细致对待工作的习惯，培养学生的责任感和使命感。

（1）汽车服务工程基础课程育人总目标。通过结合中国汽车产业最新发展，引导学生树立远大理想和爱国主义情怀，明确学习目标，树立正确的世界观、人生观、价值观，勇敢地肩负起时代赋予的光荣使命，提高学生思想政治素质。通过对比分析国内外汽车服务业的发展概况，揭示出我国汽车服务业存在的主要问题，引导学生深刻理解和认识所学专业对国内汽车服务市场的重要意义，使学生通过了解目前激烈的国内外汽车服务行业竞争，树立职业使命感。

（2）汽车售后服务的思政教育实践。汽车售后服务章节的目标任务是使学生掌握质量保修规范的制定与质量信息的分析处理，掌握汽车厂商售后服务技术性工作的流程，学会备件供应的作业流程和管理方法，学会建设与管理售后服务网络点，掌握售后服务管理的内容与方法。在汽车售后服务章节的知识点的学习过程中，通过对比分析国内外汽车售后服务现状，引导学生认识到汽车服务从业人员的职业素养的重要性，强化爱国主义教育，激励学生刻苦学习，脚踏实地、认清差距、奋起直追、弯道超车；在解读我国缺陷汽车产品召回制度时，培养学生良好的职业道德素质和严格遵守各种标准规定的习惯；在进行汽车召回案例分析时，引导学生认识到诚实守信的重要性。

(3) 汽车维修服务的思政教育探索。随着目前维修市场需求的变化，维修行业需向国际化靠拢，提高自我管理、自我约束、自我发展的自律意识。通过对汽车维修服务章节的学习，在对检测、维修工具的使用进行讲解时，要求学生严格执行相关操作规范，培养良好的职业习惯；通过学习汽车检测与维修的国家标准，培养学生养成严格遵守各种标准规定的习惯，增强遵纪守法意识；在对汽车维修保养的讲解中，融入车辆环保检测的相关政策内容，提高学生的环保意识；并以汽车检测与维修过程中出错会带来财产损失甚至是严重的交通事故教育学生，帮助学生养成认真细致对待工作的习惯，培养学生的责任感和使命感。

(4) 事故车定损理赔服务的思政教育。交通事故现场勘查工作需要勘查人员全面地调查整个汽车事故。勘查人员需要有较高的服务和技术水平，才能更好地维护被保险人的合法利益。通过事故车定损理赔服务章节的学习，帮助学生培养认真负责、踏实敬业的工作态度和严谨求实、一丝不苟的工作作风。通过事故逃逸和事故现场伪装案例的学习，学生认识到遵守交通法规的重要性，教育学生在痕迹勘查过程中形成有条不紊、观察细微的态度，养成严格遵守各种标准规定的工作习惯；进一步加强学生的职业使命感，同时更加深刻地认识到学好专业基础理论知识的重要性，为今后从事相关工作奠定思想基础。

3.3 分类指导、多方联动、校企深度融合的实践创新模式探讨

在对接汽车产业过程中，发现汽车企业人才需求与社会需求不匹配、课程内容重复、理论联系实际不足、校内实践资源有限、年轻教师不能妥善处理好科研与教学关系等问题，因此提出一种分类指导、多方联动、校企深度融合的实践创新培养模式，坚持以应用型人才培养为核心，以培养具有较强创新精神和实践能力的应用型本科人才为目的，提高学生参与度。以课程群建设为纽带、以教学工作为主线，坚持教学与科研并重的团队建设理念，以教学带动科研、以科研促进教学建设双师型教学团队。通过政府、行业、区域企业、学校多方

联动，以认知实习、社会实践、毕业实习、科研训练、技术攻关、定岗实习等内容丰富的项目满足不同层次、不同年级、不同类型需要的学生实践需求。

3.3.1　专业群对接产业群，主动对接汽车产业人才需求

针对湖北省汽车产业对汽车整车、总成及关键零部件制造的需求，湖北文理学院依托机械设计制造及其自动化、车辆工程、工业工程和汽车服务工程四个本科专业构建“汽车产业链专业集群”。湖北文理学院每年召开行业、企业、高校专家参与的人才培养方案论证会、研讨会，充分听取专家对于人才培养目标、规格的意见，细分人才培养方向，并共同开发了多门专业方向课程，形成适应区域产业结构和经济社会发展趋势的专业结构动态调整机制，加强应用型专业建设力度，大力开展应用型研究，支撑区域重点产业和战略性新兴产业的发展需要，有效对接区域产业结构调整与升级。

3.3.2　学科竞赛、科研项目、考研为主的学生创新能力培养

通过“就业、创新创业、考研”三个方面的分类指导，“政府、高校、行业、企业”四个方面的合作，并搭建“学业指导、考研指导、思想指导、创新指导、创业指导”的五服务机制。鼓励学生参加各种大学生竞赛以及教师的科研项目，增强学生的工程和创新意识。如以车辆专业为核心，积极备战中国大学生方程式汽车大赛，指定年轻和富有责任的教师担任指导教师，根据组织大赛规则，汽车与交通工程学院组建了 TSD、飚扬、凌远三支车队参加油车组、电车组、baja 组的比赛，队员主要来自湖北文理学院车辆专业学生，该赛事本身创新性就很强，如果学生全程参与制作过程并参加比赛，可获得相应的课外创新与实践学分成绩；每年吸引 20 多名本科生参加教师的科研项目，从资料收集、整理与问题提出和分析等方面全面了解科研流程；从报考学校、方向、专业课辅导以及面试等考研全环节对考研学生进行指导和跟踪，力求做到“精准、精细”服务。车辆专业（含新能源汽车）考研率连续多年持续高升，由 2015 年的 10%左右提升到 2017 年的 25%左右，2016 年考取研究生 30 人，其中 985、211 学校 12 人；2017 年考取研究生 31 人，考研率创历史新高，达到 26.96%。车辆专业毕业生就业率达 98%，连续多年位居全校前列，同时车辆专业学生在全校举行的“科技校园”“百生讲坛”“书香校园”等活动中屡创佳绩，位居全校前三。

3.3.3　分类考评、注重过程

针对原来课程考核“重结果轻过程”的方式，将平时成绩由原来 30%左右提升到 40%~60%，除了常规的考勤、作业、实验成绩外，采用试题库，并

加入了课程创新和科研训练考核，鼓励学生通过论文、创新训练、科研项目、企业实践等方式取得相应的实践学分。学生可根据自己的兴趣和爱好及将来职业规划，选择不同的考核方式。如对选择考研的学生，将侧重于对他们论文、专利等科研基础方面的训练；对选择就业的学生，侧重于工程训练和创新课题方面的训练。实验课则侧重对学生动手能力的培养，课程中所涉及的各种主要仪器设备要求学生能够自己动手操作，掌握操作仪器设备的方法、步骤及各个注意事项，要求每个学生都能独立完成实验。

3.3.4 以课程群建设为纽带、教学科研相辅相成，建设双师型教学团队

通过“全面服务襄阳”“三进”“双百”、地方挂职、科技特派员、博士服务团等活动，教师挂职进企业，企业优秀人员兼职高校，组建校企联合双师型教学队伍。车辆专业聘用东风襄阳旅行车有限公司、东风汽车电子有限公司、湖北三环锻造有限公司等企业“产业教授”近 10 名。专任教师中有一年以上企业经验的老师 10 名，每年寒暑假通过学校“全面服务”活动进企业的教师达 30 人，构成了“双师”教师队伍，目前具有行业背景专任教师比例达 50%。邀请企业一线经验丰富的专家、工程师、管理者来校讲学。从 2014 年开始，车辆专业举办企业课程专题讲座 50 次，平均每学年 6 次。由企业人员开设汽车行业标准和工具类创新学分课程，如汽车检测法规和流程，汽车行业主流三维应用软件 Cruise、UG、CATIA 等，并邀请企业人员进行培训。

通过对课程群中多门课程的浓缩与提炼，解决课程门数多、学时多、相互之间重复交叉、理论与实践教学相脱离等问题。如汽车测试类教学团队，将原来 6 门课 284 个理论学时、52 个实践学时、336 个总学时，梳理成测试硬件、感知执行层、算法决策层三个层次，综合实训和扩展创新实践两个专项实训所组成的 192 个理论学时，120 个实践学时的课程结构。同时要求团队核心人员近 3 年至少要承担 5 门课中的 3 门及以上课程，这样使学生对专业理论基础、硬件基础、软件基础以及测试平台有更加深刻、清晰的认识。

3.3.5 政府、行业、区域企业、学校多方联动的校企深度合作

在学校“协同育人”“三进”“双百”等活动牵引下，组建了襄阳市机械工程学会、湖北新能源创新标准联盟、襄阳市汽车工程学会，定期召开产学研对接会议。与区域汽车企业建立实习实训基地、人才协同培养、产学研合作 30 余项，有效拓展、补充了学校的教学资源，提升了学生实践实训能力。湖北文理学院根据企业性质结合汽车专业特点，整理分类出以整车为代表的

“协同培养”、新能源汽车关键部件厂的“订单培养、工学结合”、汽车零部件制造企业的“产学研深度”。

（1）以与东风汽车股份公司、国家汽车质量监督检测中心、国家动力电池检测中心（襄阳）为代表的整车及检测企业的“协同培养”为主要合作方式：从2008年起，东风汽车股份公司、国家汽车质量监督检测中心的多位高级工程师与湖北文理学院专任教师合作讲授汽车测试技术、汽车构造、发动机原理、汽车可靠性等课程，合作指导课程设计和毕业设计，开展了半现场化教学和项目训练式教学等改革，获得了良好效果；参与制订了人才培养方案。累计接待学生认知、课程实践500余人次，提供大学生实践训练项目6项。

（2）以与宇清公司、东风汽车电子有限公司为代表的新能源汽车企业的“订单培养”为主合作。我校合作开办“宇清班”，采取订单式培养，学生最后一年学业在宇清公司完成，以校企合作开发的课程替代原培养方案中的部分专业方向课程，学生参与企业的生产实践活动，根据企业的生产实际需求进行毕业设计选题，由企业和学校教师共同负责指导，企业定期对学生学习情况进行测验考试，真正实现了“工学结合”；在联合培养协议的基础上，意向签约的学生，毕业实习和毕业设计在公司完成，毕业实习由企业工程师指导，毕业论文由校企双方合作指导。累计接待学生认知、实践200余人次，提供大学生实践训练项目7项，获得省级科研项目3项。

（3）以与湖北三环锻造有限公司等为代表的汽车零部件制造企业的“产学研深度”融合，通过蹲点式服务、订单式项目，促进双方甚至多方的合作共赢，使教学内容得到充实、手法得到扩展，科研接了地气，凝聚了方向，紧跟了前沿。双方签订大学生实践教学基地、产学研基地、研究生创新基地、塑性成形联合工程中心、“双百”服务点协议5份。湖北文理学院车辆系教师以2015年的“多学科跨院系了解”、2016年的“传统检测”、2017年的“轻量化”及2018年的“师生联动、智能检测”为主题连续4年蹲点湖北三环锻造有限公司，同时巧妙地结合了湖北省“博士服务团”，团队2015年、2017年选派两批博士挂职公司，为企业提供订单保姆式服务，平均每周都有师生在公司，实现学生、教师、企业的多方共赢。

有近1200名学生在湖北三环锻造有限公司认知实习和实训，从事公司产品相关毕业课题40余个，发表论文5篇、计算机软件著作权10个，获批专利15个，参加省级以上竞赛5项。湖北三环锻造有限公司获得2017年校级示范实践教学基地称号，完成59名三环锻造员工学历提升毕业论文指导，获批襄阳市隆中创新人才项目1个；公司一线技术员工为湖北文理学院做隆中讲坛4次，听众达1 000余人次；公司接纳湖北文理学院机械大类累计12名本科毕业生就职，10名大三学生进行“我选湖北”顶岗实习。学生参与企业科研项目21项，接待学生认知实习、毕业实习、顶岗实习累计1 500余人，直接就业区域汽车企业30%左右。

教师在转向节检测和增材制造等方面，解决企业难题12项，开展技术培训11场，培训人数600余人次，签订技术开发合同13项，联合申请省市项目4项，获批湖北省校企研发后补助项目9项。申请专利33项，授权专利16项，计算机软件著作权登记18项；科研经费累计到账410余万元；发表论文30余篇；获襄阳政府津贴1人、青年科技进步奖1人、省级以上奖励2项。

2016年4月，双方联合的“盘式转向节绿色锻造技术研究及应用”通过省科技成果鉴定“国内领先”，该项目在节能、节材、环保上的优势，为企业每年创造3 000余万元产值。“汽车转向节缺陷管理系统V1.0.1”“一种润滑油油品检测装置”等多项成果在公司转化，每年为湖北三环锻造有限公司节省成本近千万元。

3.3.6 实践创新改革效果

（1）学生素质突出，受用人单位欢迎与好评。2015年以来，车辆专业本科生表现活跃，参与国家、省级大学生创新创业训练项目35项，公开发表教研、科研论文23篇，参与申获专利15项，计算机软件著作权12项；获得以大学生方程式为代表的汽车行业和大学生机械创新大赛为代表的省级以上学科奖励12项；参与以国家自然科学基金、中央引导地方、省科技重大专项和区域企业横向技术开发项目35项，协助解决技术难题40项，获得省级科研奖励4项。毕业生专业基础扎实，综合素质高，竞争力强，深受用人单位的欢迎与好评。就业率连续3年保持在98%以上，考研率在20%以上，湖北三环锻造有限公司、东风汽车股份公司、骆驼集团等国有大公司每年均有我校优秀毕业生入职。

（2）教学科研相长，教学、科研成果丰硕，获行业、同行认可。2015年至2018年，车辆专业教师先后承担省级、校级项目10个，国家科研项目5项、省级项目6个，省部级以上科技奖励1项，公开发表教研论文10篇、科研论文20篇，其中EI/SCI检索8篇。主编教材3部，参编教材2部，获得校级奖励9项。获批科技成果鉴定2项、成果转化2项；授权发明专利7项、实用新型专利23项；发表计算机软件著作权21项，签订企业横向项目29个。获批省教育厅中青年科技创新团队1项。晋升教授、副教授6名。学生参与设计的“一种锻件余热利用装置”软件著作权，成功在企业转化应用，获得好评；多篇车辆专业教研论文公开发表，与企业经济深度融合，应用型汽车人才培养模式受到同行广泛关注。

第4章

面向全产业链的实践教学基地建设

湖北文理学院地处湖北省襄阳市，秉承“淡泊明志、宁静致远”的优良校风，坚持与时俱进，形成了工科为主、文理支撑、突出应用、协调发展的学科专业体系，尤其在机械工程和车辆工程两大学科上形成了优势特色。

学校累计投入1 500余万元，建立了发动机检测实验室、汽车底盘性能实验室、新能源汽车动力系统检测实验室、汽车拆装实验室、汽车电器实验室、汽车电子实验室、电控发动机检测实验室、典型发动机实验室、混合动力测试实验室、电机控制器实验室、高压喷射实验室、电池测试实验室、动力电池研发实验室和汽车驾驶培训与维修基地等汽车专业相关的14个实验室，实验室面积达到5 343平方米，涵盖汽车发动机、汽车底盘、汽车电气与电子控制技术和车身等部分的结构、工作原理、性能检测、故障检测、汽车零部件的设计及汽车电子商务等多方面的专业教学和科研，拥有各类相关设备共计300多台(套)，为车辆工程专业实验教学、学生创新创业、学生科研等方面，创造了有利条件。

湖北文理学院综合工程实训中心是机械工程、车辆工程、工业工程、汽车服务工程等多个专业共用的校内实践教学工程中心。综合工程实训中心于2009年被湖北省教育厅评为省级实验教学示范中心，现有各类仪器设备3155台（套)，总价值4 000万元。综合工程实训中心组建了一支老中青结合、理论与实践教学结合、专职与兼职队伍结合的高素质教学团队，现有成员83人，其中高级职称占43.4%，硕士及以上学历占70%。综合工程实训中心面向全校13个工科专业，开设57门实验课程，200个实验实训项目。日平均接待学生250人，年培训学生超过2 100人，完成近24万学时的教学工作量。

数字化设计与虚拟仿真实验教学中心依照湖北文理学院“大工程”的教育理念，针对襄阳地区汽车零部件制造需求，遵循“虚实结合、相互补充”的建设原则，突出虚拟设备与实体设备相结合、虚拟对象与实体对象相结合、虚拟手段与实际手段相结合，构建了多学科深度交叉融合的虚拟仿真实验平台。虚拟仿真实验平台解决了传统以实物为基础的实验平台无法满足高成本、高消耗等综合训练的问题，并可提供可靠、安全与经济的实验项目，是当前经济社会发展的必然需求。

湖北文理学院的所在地襄阳，是我国“十城千辆节能与新能源汽车示范推广应用工程”试点城市、新能源汽车关键部件国家级创新型产业集群试点、国家新型工业化（新能源汽车产业）示范基地、国家汽车动力及部件生产基地、国家汽车产业集群区域品牌建设示范区，是东风汽车公司乘用车、商用车、专用车的动力总成、零部件皆备的事业基地，也是东风汽车公司新能源汽车、北汽福田专用车生产基地，是全国 10 多个自贸区中唯一定位重点发展新能源汽车产业的自贸区。仅新能源汽车目前就有整车企业 6 家，核心配套企业发展到 60 多家，相关配套企业 200 余家。目前，湖北文理学院已经与区域汽车企业建立实习实训基地、人才协同培养、产学研合作 30 余项。

4.1 校内省级实验教学示范基地

4.1.1 综合工程实训中心

1. 概况

综合工程实训中心的实验室及实训车间（基地）在建筑设计阶段，已经进行了实验室（车间或基地）的底层智能化设计；在设备购置与安装调试阶段，全部实现实验、实训设备与中心的信息化、网络化、智能化建设目标，制定并落实了实验、实训设备运行维护的软硬件保障措施，实现了中心全方位开放管理，满足了学生自主学习的需要。综合工程实训中心所辖实验室见表 4–1。

表 4–1 综合工程实训中心所辖实验室

实验室名称	编号	楼号/房号
机加工车间	J030101	金工厂 1 楼右
热加工车间	J030102	金工厂 2 楼
钳工车间	J030103	金工厂 1 楼左
数控训练车间	J030104	GW1 楼/金工厂 1 楼
力学实验室（1）	J030105	GW–416
力学实验室（2）	J030106	GW–629
机械原理实验室	J030107	GW–525

续表

实验室名称	编号	楼号/房号
机械设计实验室	J030108	GW-523
零部件测绘综合实训室	J030109	GW-427
金属材料与热加工实验室	J030110	GW-418
互换型与技术测量实验室	J030111	GW-417
机械创新设计实验室	J030112	GW-424
机械制造技术实验室	J030113	GW-507
测控技术实验室	J030114	GW-322
机电传动控制实验室	J030115	GW-521
液压与气压传动实验室	J030116	GW-510
物流工程实验室	J030117	GW-530
人因实验室	J030118	GW-529

中心目前有实验及实训用面积 8600 多平方米，设备摆放与空间布局合理，能够满足教学要求，环境条件符合国家环保要求。实验室面积符合国家有关标准，各实验室生均占有实际使用面积 15 平方米左右；中心的实验室房间高度 3.1 米，根据不同实验项目对地面进行了防滑、耐磨处理；实验（训）台、柜、桌、椅等皆符合规范标准；同时实验（训）室通风、照明良好，温度、湿度符合设备要求；严格按照有关国家规范进行各实验室水、电、网络走线布局；基本设施如桌凳、照明、物品存放、防火、防盗、清洁卫生等一应俱全，且都符合实验教学和国家、学校的有关规范与规定。中心制定了一套环境保护的制度：学校、院（处）两级领导和各部门安全责任制度，危险点分级安全管理制度，环境保护奖惩规定，环境保护管理制度。总之，中心教学环境清洁、整齐、卫生，为广大师生创造了良好的教学、工作环境。其具体内容如下。

（1）学校的安全由校保卫处负责，保卫处每天 24 小时执勤、巡逻，校门口实行物品出入登记。中心的各个楼宇都安排有专门的门卫，协助校保卫处做好保卫、防火及防盗工作；实验教学大楼还专门安装了红外监控系统，对楼道以及大楼的外围实行 24 小时不间断监控与录像；中心外围的卫生由后勤集团安排的专职清洁工负责，清洁工每天打扫卫生，保持大楼、走廊的清洁卫生，实验室内部的卫生由实验员负责，实训中心内部的卫生由实训指导人员负责。

（2）各实验（训）室均配备灭火器，具有较完备的消防设施。实验室的电线（动力和照明线）电缆（网线）均采用暗线暗盒施工，规范有序，并采用防火材料。实验（训）座椅、墙壁、地面、窗台、窗帘等也都为环保材料，能够保证学生的健康安全。

（3）实验（训）室环境幽雅、通风透光、宽敞舒适、干净卫生，为学生提供了良好的实验（训）环境。每个实验（训）室还制定了规范化的安全环保制度，实验（训）室内都张挂实验室安全工作规定、学生实验守则等有关实验（训）室管理规定。

2. 实训中心建设的作用

经过多年的建设和发展，中心已逐步形成了自己的特色。中心以开放的建设理念，联合地方优势资源，合作共建了“汽车零部件制造装备数字化湖北省协同创新中心”“襄阳华中科技大学先进制造工程研究院”等良好的科研平台。将本科生实践教学与科研创新成果有机结合，通过大项目、大任务培养高水平创新团队；培养具有创新实践能力的大学生为产业生力军，打通大学“人才培养平台”和产业“技术创新平台”，形成有效的人才培养和技术创新模式。

中心紧密联系襄阳支柱产业中的龙头企业，开展产学研合作，把教学扎根于企业生产实际，与企业实现优势互补。中心与华中数控、博亚精工、三环锻造等10余家企业开展了成效显著的人才培养、科学研究、技术服务合作。广大教师借助工研院，协同创新中心等平台为地方经济建设规划、技术研发提供多层次服务，起到了真正意义上的智力支撑作用。

中心依托学校“智慧校园系统”，构建了安全、快捷的信息管理系统，为校内外人员提供7×24小时服务，从人才互聘、设备共享、信息无缝对接等角度与襄阳区域企事业单位、学校实现了良好资源共享，有效提升了中心与企业间的资源利用率，极大调动了协同企业积极性，有力促进了区域经济发展。

3. 实验实训教学体系

根据学校的办学理念和定位，综合工程实训中心打破和摒弃原有的课程界限和专业界限，紧密结合行业和区域经济需求，注重学科特点及工程实践教学自身的规律，按照分层次、模块化、综合式、开放型的教学改革思路，精心设计、完整再现了典型行业的生产系统，构建了“三个层次、四条主线、五大模块”的综合工程实验实训教学体系，即“工程认识实践、工程专业训练、科技创新实践”三个层次；“产品设计技术主线、制造技术主线、工业控制技术主线、生产组织技术主线”四条主线；“机械基础、机电控制与测试、工业工程、汽车工程实验实习中心及工程实践训练中心”五大模块。通过机械设计与制造技术、电子控制技术、汽车性能测试技术、汽车检测与维修技术、工业管理技术等的有机融合，再现和模拟了现代工业主流技术，为不同专业提供不同层次的实验与实训课程。

（1）三个层次。

① 工程认识实践：教学对象是大学一年级学生，面向全校机械大类各专业学生；教学内容包括四个教学单元：机械结构认识、制造技术认识、控制技术认识、生产系统认识；教学模式包括：观察教学模型及实物，动手进行简单机械的拆装训练，开展社会调查实践，进行课堂讨论，参观生产现场，体验工程氛围。

② 工程专业训练：教学对象是大学二、三年级学生，主要面向机械类专业学生；教学内容以汽车作为典型的机电产品，构建汽车及零部件的设计生产全过程，以工程素质训练为主，包括机械的冷热加工、机械基础实验、电子控制技术实验、液压与气压传动实验、自动控制试验、汽车性能实验、汽车检测与维修实训、发动机拆装实训等；针对机械类专业特点，设立不同的必选和任选教学单元，教学组织柔性化；教学模式为讲解、实训（各种加工方法操作训练、工艺设计训练、创新作品设计制作训练）、观摩复杂加工工艺方法演示。

③ 科技创新实践：教学对象是大学二、三、四年级的学生，面向全校各专业；教学内容为大学生科技创新服务，让学生了解科技创新的基本过程和规律，培养创新意识，培养团队精神和协作能力；教学模式包括：通过课内课外结合的方式，有意识地激发学生的创新和科研激情，并积极鼓励学生跨学科、跨专业自主选题；通过教师之间的交流、教师和学生之间的交流以及学生和学生之间的交流，逐步形成思路，在教师的指导下，由学生自主去设计、研发和制作，从而让学生正面体会产品（项目）研发的全过程，达到“自我体验、自主学习、自由创造”的目的。

（2）四条主线。产品设计技术主线以汽车作为典型的机电产品，构建汽车及其零部件的现代设计方法和过程；制造技术主线构建现代典型的加工工艺体系，让学生熟悉、掌握常用的加工方法和设备的操作；工业控制技术主线充分发挥机与电的结合，着重展现控制技术在汽车等典型机电产品中的应用，以及在制造系统中的应用；工业生产大系统不仅包含设计和制造技术，还需要良好的生产组织，为了培养学生“大工程”的概念，生产组织技术主线还提供了生产物流、质量控制、工厂布置、生产计划与控制等方面的训练。

（3）五大模块。机械基础实验模块通过互换性与技术测量实验室的形状误差与位置误差的测量、机构运动简图的测绘与分析、平面机构运动参数的实测与仿真比较等实验项目，使学生进一步掌握基本的测量技术及数据处理能力，培养学生初步拟定机构及其系统运动方案、分析和设计机构的能力。机械设计实验是实践性较强的项目，通过实验学生可以对轴系结构设计和结构分析有深刻的理解，并熟练地进行轴承的组合设计，了解创新设计的基本方法，树立创新意识，启迪创新思维，培养学生的创新设计能力。本模块为大学生获得机械知识、实验技能和创新能力提供了重要的教学实践基地。

机电控制与测试实验模块通过机电传动控制、液压与气压传动、可编程控制器、测试技术、单片机开发等实验项目，着重培养学生机电一体化系统的设计、组装、调试、开发的能力。通过数控技术实验项目培养学生的数控机床的加工程序编制、机床的基本操作、机床的维修与保养及工艺参数的合理确定等能力。三维快速成型系列实验项目使学生对现代制造技术的发展有一定的了解，为将来工作中项目的确认、课题的验证及新技术的开发提供较好的实践经验。

工业工程实验模块构建了生产系统中的各单元设备，基本涵盖了工业领域正在得到广泛应用的各种先进控制技术和生产组织技术，成为一个融合光、机、电、气以及信息一体化的综合型实验、研究平台。它包括了生产线物流设备、仓储、分拣编码系统以及物流系统的分析、规划与设计等。在实验室中，通过工业现场总线形式的网络通信手段将系统中的所有单机设备进行高度、高效的集成，采用符合国家、国际标准和行规的 ProfiBus-DP 工业现场总线，将系统中的物流装备（全自动堆垛机、混合流水线、AGV 小车等）和加工装备有效地整合为一个具有实际操作能力、加工能力、二次开发能力的自动生产、加工系统，实现生产计划、作业排产和调度，生产过程控制，在制品管理（WIP），质量管理（原料、成品、在制品质量管理），资源管理（设备、工具、人员、技术管理）等，从而完成生产物流、人因工程、质量控制、生产计划与控制、生产系统等多方面的实验与培训。

汽车工程实验实训中心构建了车辆工程、汽车服务工程、汽车检测维修等汽车相关专业领域教学、科研、技能培训的各仪器、设备及设施，涵盖了汽车发动机、汽车底盘、汽车电气设备及电控系统、汽车车身各个单元，涉及汽车设计与制造、汽车性能检测分析、汽车售后服务等领域先进技术，并按日系、美系、欧系、国产汽车各个方向分别研究；同时兼顾汽车相关检测维修等方面的技能培训，采用了目前国内常规及先进的汽车检测、分析、研究方法，进行万用表检测，万能电器试验台检测，示波器波形分析，解码器调码及数据流分析，汽柴发动机综合性能检测分析，汽车尾气和发动机空燃比、占空比、汽缸压力、燃油压力及真空度检测分析，汽车底盘测功，汽车四轮定位检测及调整，汽车电控动力转向检测、分析及研究，汽车电控悬架检测分析及研究，汽车自动空调检测分析及研究，汽车电控制动系统检测及研究，汽车电控自动变速器的检测分析及研究，为学生、教师及社会汽车相关行业构建了一个综合型学习、实验和科研的平台。

工程实践训练中心涵盖了现代制造的常见加工工艺，包括传统加工实训、特种加工实训和数控加工实训三个子模块。传统加工实训包括车、铣、刨、磨、钳、铸、锻、焊八大传统工艺，特种加工实训包括电火花、线切割等特殊加工方法，数控加工实训包括数控车、铣以及快速成型等工艺。通过本模块的训练，让学生了解各种加工工艺的设备和基本操作过程，培养学生的实际动手能力，熟悉生产实际，同时也为学生的科技创新活动提供产品制作加工的平台。

4. 教学与科研成果

经过多年努力，综合工程实训中心在教学和科研上都取得了丰硕成果。2013 年至 2017 年获得省级优势特色学科群 1 个，省级教学团队 1 个，湖北省优秀中青年科技创新团队 3 个，主持科研、教研项目 82 项，其中国家级项目 4 项，省部级项目 14 项，市厅级科研项目 37 项；获各类横向项目 124 项，项目经费达 3 711.51 万元；获省级科研成果奖 11 项，市级科研成果奖 3 项；发表科研、教研论文 315 篇，其中三大检索论文 59 篇；获发明专利 2 项，实用新型专利 52 项；出版教材 17 本。

综合工程实训中心在指导大学生科技创新上也取得了长足进步。2018 年大学生创新创业项目获国家级立项 2 项，省级立项 4 项。学科竞赛获全国一等奖 4 项、二等奖 9 项、三等奖 8 项；分赛区特等奖 2 项、一等奖 3 项、二等奖 8 项、三等奖 2 项。特别是在“全国大学生机械创新设计大赛”中获得全国一等奖 2 项、“中国好设计”创意奖和最具网络人气奖各 1 项，在“互联网+大学生创新创业竞赛”中获得金奖 1 项、铜奖 2 项，均实现了湖北文理学院历史性突破。

4.1.2　数字化设计与仿真中心

数字化设计与仿真中心依托湖北文理学院“智慧校园系统”，构建了安全、快捷、可靠的信息化管理系统以及网络化虚拟仿真实验环境，实现了从资源接入到实验教学运行全过程的信息化，可为学校全体师生提供 7×24 小时服务。同时，校外用户可通过 VPN 网络，实现校内仿真资源的在线实时访问。数字化设计与仿真中心坚持以培养学生综合设计能力和创新能力为出发点，创造性地应用高水平工程软件开设虚拟仿真绿色实验教学，努力拓展实验领域，丰富教学内容。在教师的指导下，湖北文理学院学生在省级、国家级各项比赛中取得了突破。

中心于2010年获得财政部中地共建经费200万元的专项资助（汽车数字化设计与仿真实验室），新建了2个共计250座的实验教学机房和1个科研实验室，购置了CATIA、ABAQUS、WITNESS等一系列设计仿真软件，并结合专业课程，自行研制了30多个仿真实验项目。同时，中心购置有三维扫描仪、快速成型机，可满足众多工程专业基础课和专业课程的虚拟仿真实验教学需求。

中心与较多高新企业建立了长期的战略合作关系，在一定程度上实现了人才、设备资源共享。其中与中航精机、中日龙、国家汽车监督检验中心（襄阳）、襄阳宇清电动、新火炬、襄樊大力、万州、天舜、净天环保、追日电器等几十家企业开展了大量成效显著的人才培养、科学研究、技术服务等合作。中心从中航精机、中日龙及襄阳宇清电动等企业获得合作经费80多万元。目前，中心在学校的大力支持和相关企业的合作下，正进一步加大虚拟仿真实验教学师资队伍、教学资源和教学信息化管理系统的建设力度及教学运行经费投入力度，努力将虚拟仿真实验教学和技术服务覆盖到襄阳市及鄂西北周边高校和企业。

中心开展的仿真项目主要集中在产品设计技术、制造技术、工业控制技术、生产组织技术以及科研成果转化等方面，如图4-1所示。

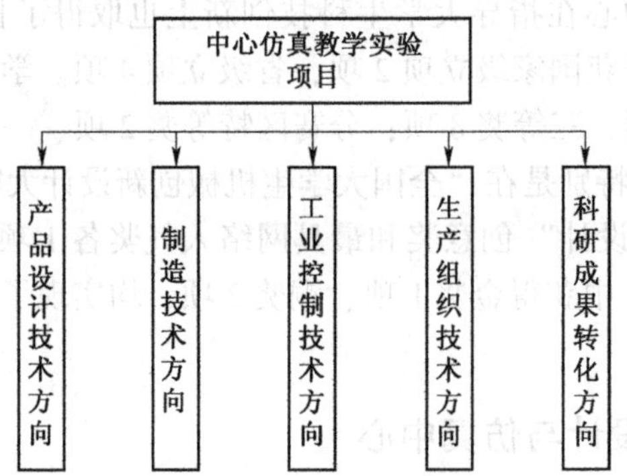

图4-1　中心仿真教学实验项目分类

1. 产品设计技术

中心在产品设计技术方面所开展的仿真实验项目见表4-2。

表4-2　产品设计技术方面的仿真实验项目

序号	实验项目名称
1	机构及机构组成认知实验
2	零部件测绘实践虚拟辅助教学实验

续表

序号	实验项目名称
3	机构创新设计实验
4	汽车三维建模实验
5	机械原理设计实验
6	基于有限元技术的动力学仿真实验
7	基于有限元技术的齿轮系统动力学分析实验
8	基于有限元技术的自由振动分析实验
9	基于有限元技术的材料力学分析实验
10	气动机械结构设计及动力学分析实验
11	复杂机械结构的动力学分析实验

（1）机构及机构组成认知实验：机构及机构组成认知是指观察常用的平面连杆机构、空间连杆机构、凸轮机构、齿轮机构、间歇运动机构以及组合机构的类型与运动情况，以便对机构、机器、运动副、构件有一定的认识，对机器的基本要素有初步的了解。传统实验方法一般是通过参观机械示教陈列柜来完成，但示教陈列柜的局限性及更新滞后问题日益显现。实验中心通过 Pro/E、UG、AutoCAD 等软件对部分机构建立了三维模型，模拟了部分机构装配过程及其运动仿真过程，开发了机构及机构组成认知实验系统，通过虚拟模型和运动仿真可以方便地了解机构的组成及运动情况。绣花机的机构组成如图 4-2 所示。

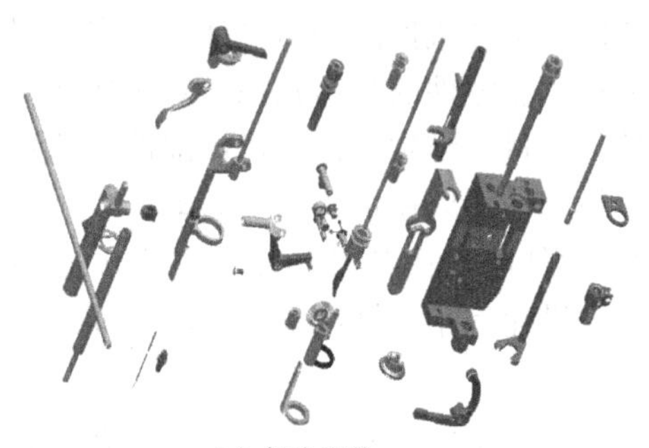

（a）机头组件

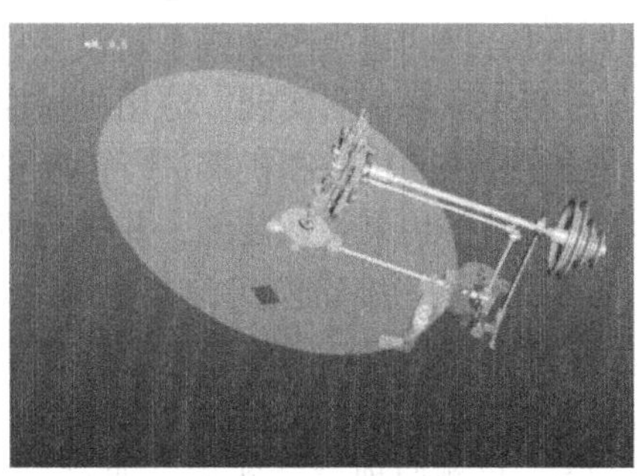

（b）机头的部分运动仿真

图 4-2　绣花机的机构组成

（2）零部件测绘实践虚拟辅助教学实验：零部件测绘实践虚拟辅助教学技术的做法是以实物模型为基本要素，以实物模型测绘为主线，用计算机虚拟现实的方法，制作以图画和动画形式为主的直观形象，解析零部件的形状结构和测绘过程。

将虚拟辅助教学融于测绘实践教学的过程是：布置测绘任务；观测分析实物模型；以对零部件测绘方法和过程为指导；以动画为主表达零部件形状结构；教师依据虚拟辅助教学课件集中指导；学生依据实物模型，参照虚拟辅助教学课件自主测绘如图 4-3 所示；根据测绘草图在 AutoCAD 中绘制二维零件图，在三维软件中画出各零件三维实体并装配；了解零件间的装配关系，检验零件测绘尺寸及结构等的正确性并修改，得到正确的三维实体。

图 4-3 三维辅助教学

（3）机构创新设计实验：一般包括两个项目。①以产品造型和结构设计为主，如以肥皂盒、烟灰缸、手机外壳、洗发水瓶、鼠标外壳等日常生活用品为设计原型，运用三维软件进行三维造型设计，并允许在实际物品外观造型的基础上做合理的适当改动或重新设计；②以机构和机器的创新设计为内容，即结合工程实际和生活实践，应用机械原理和机械零件的基本知识，对实现某些运动功能要求的机构和机器进行创新设计，通过三维软件设计机械部件的结构形状，将其按约束关系装配，并进行机构仿真，用以模拟机构的运动。

（4）汽车三维建模实验：通过 Pro/E 软件的二次开发功能建立汽车通用三维零部件模型库，学生自主选择模型库，搭建汽车三维模型。汽车三维建模如图 4-4 所示。

（5）机械原理设计实验：通过三维软件的二次开发平台，建立自整定的三维建模方法，可快速方便地进行机械结构的设计，并可充分利用有限元软件分析功能，提前进行产品结构分析，如图 4-5 所示。

（6）基于有限元技术的动力学仿真实验：导入其他软件中运动系统三维建模，对系统进行多体动力学的动态仿真，利用 ANSYS 软件分析相应的静载荷和动载荷，如图 4-6 和图 4-7 所示。

图 4-4　汽车三维建模

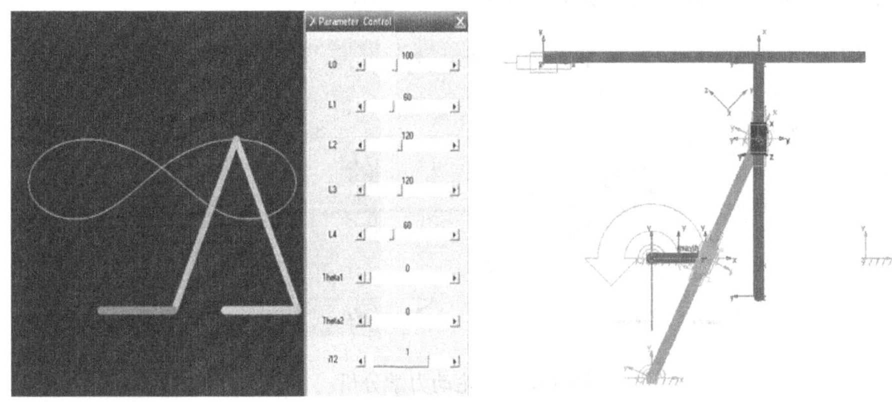

图 4-5　气动机械结构设计及动力学分析

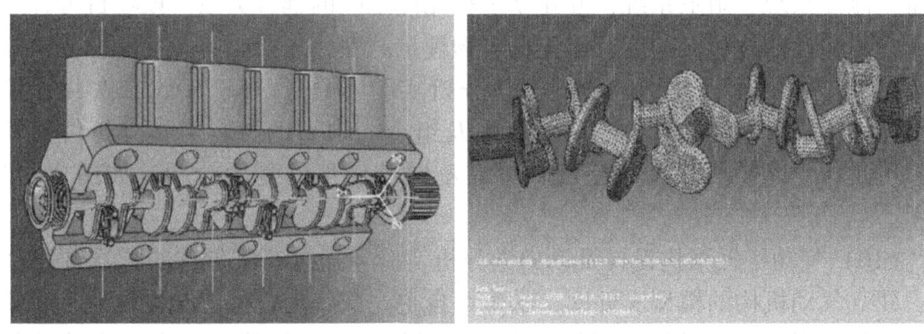

图 4-6　发动机曲轴三维模型及模态分析

图 4-7　转向系统的应力分布

（7）基于有限元技术的齿轮系统动力学分析实验：通过 ANSYS 的二次开发平台，建立齿轮、齿条系统的动力学分析系统，自主进行不同种类、不同大小齿轮系统间的啮合动力学分析，如图 4-8 所示。

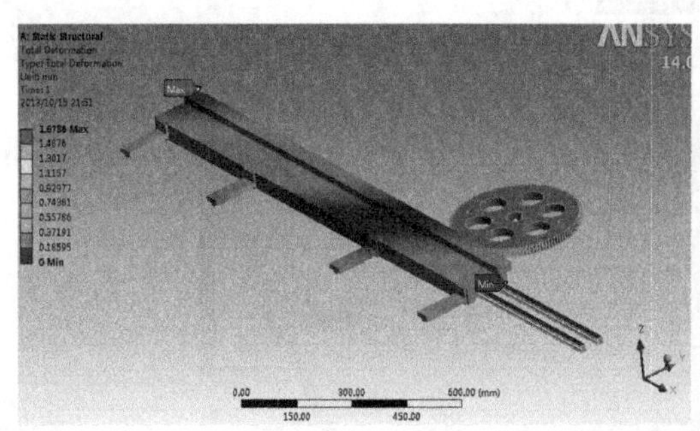

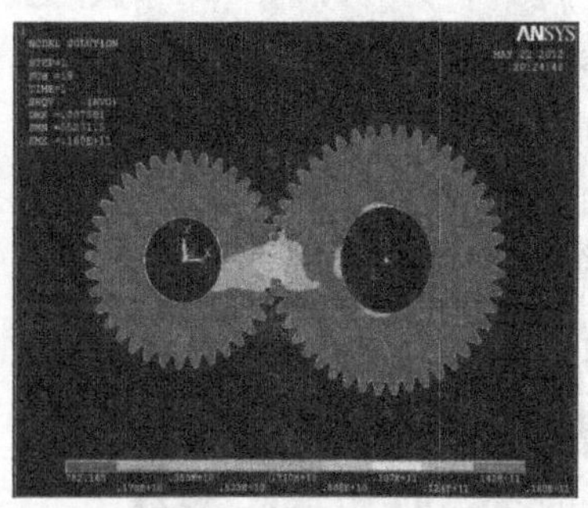

图 4-8　齿轮动力学分析

（8）基于有限元技术的自由振动分析实验：通过 Adams 平台的图形开发工具，开发机械振动系统的振动分析实验项目，可自主设定振动系统各元件的质量、刚度系统、阻尼系统，并建立多种元件之间的耦合关系。该项目可直观演示自由振动的位移、速度及加速度等物理量的变化，如图 4-9 所示。

（9）基于有限元技术的材料力学分析实验：通过 ANSYS 的二次开发插件，建立不同材料在拉伸、扭转、弯曲及组合变形下的材料力学分析仿真系统，可快速、简易、直观地完成材料在不同环境下的受力分析，如图 4-10 所示。

（10）气动机械结构设计及动力学分析实验：通过三维软件的二次开发平台，建立气动机构的模型零件库，学生可自主完成气动机械的结构设计，并借助项目的有限元接入模块，可较方便地完成气动机械结构的动力学设计及分析，如图 4-11 所示。

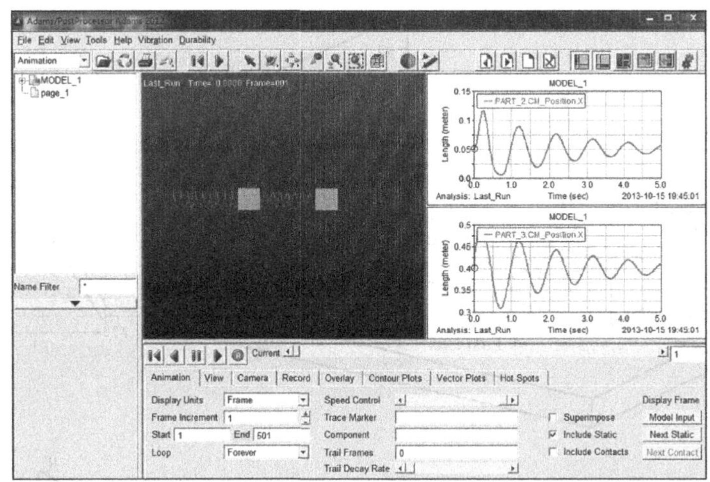

图 4-9　自由振动分析

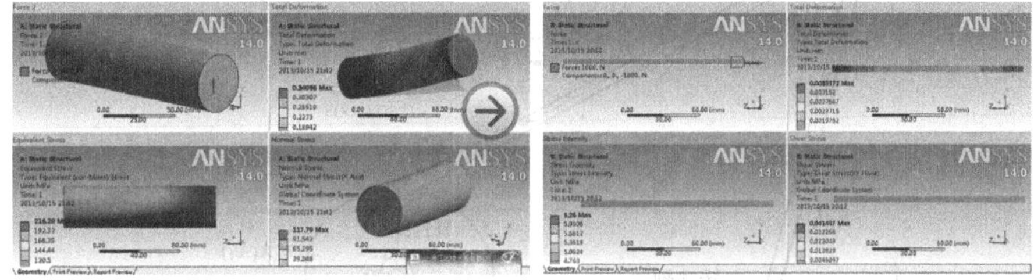

图 4-10　材料力学分析

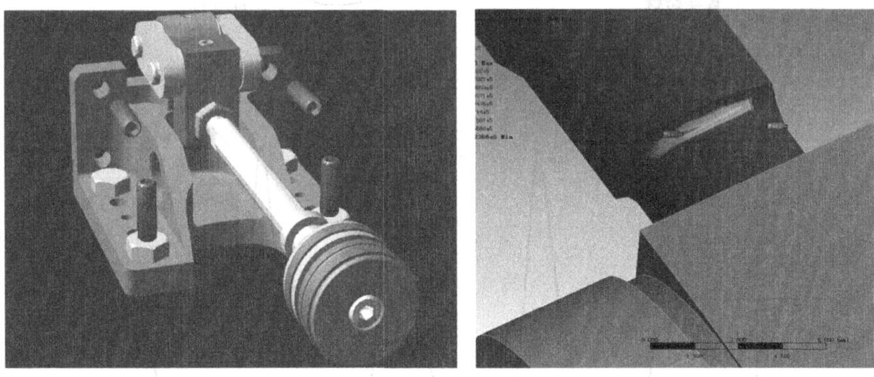

图 4-11　气动机械结构设计及动力学分析

（11）复杂机械结构的动力学分析实验：针对复杂机械结构的特点，建立空间曲柄连杆机构、空间四连杆机构及动力学分析平台，实现系统的快速构建及动力学分析的一体化，如图 4-12 所示。

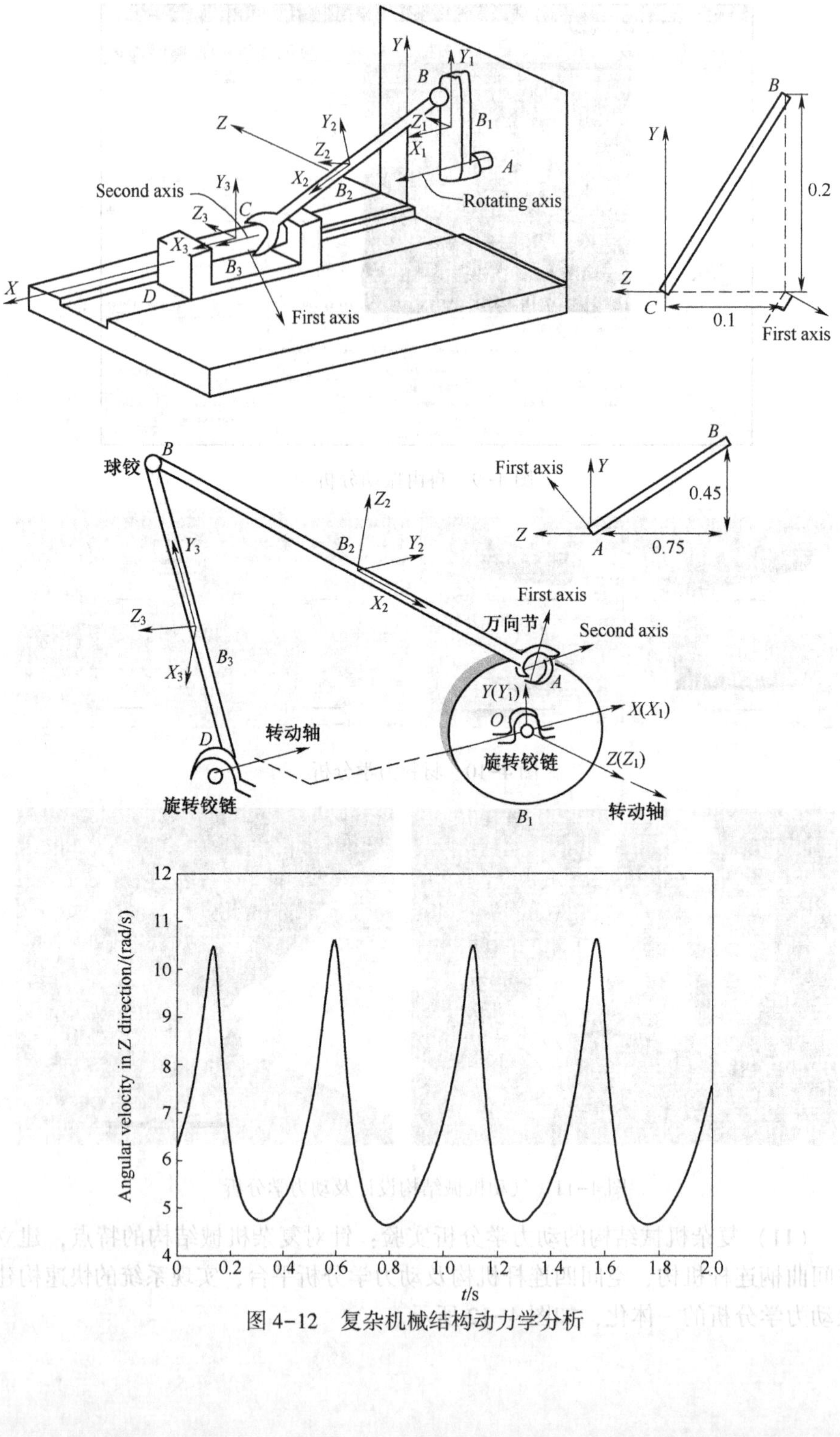

图 4-12 复杂机械结构动力学分析

2. 制造技术

中心在制造技术方面所开展的仿真实验项目见表4-3。

表4-3　制造技术方面的仿真实验项目

序　号	实验项目名称
1	工程训练实验
2	车床仿真系统实验
3	铣床仿真系统实验
4	机床轴加工仿真系统实验
5	数控加工在线编程仿真系统实验

（1）工程训练实验：由计算机辅助制造（数控编程与加工）、三维数字化创新设计大赛（即3D大赛）和机械设计创新大赛三条训练主线组成。如教师指导学生设计并加工出“东风雪铁龙轿车”的比例缩小车模，在计算机辅助设计部分，可根据公开的轿车外观数据，运用三维软件设计出轿车的外观造型；在计算机辅助制造部分，在数控加工中心上输入所设计的车模数据文件，转化为数控程序，加工出逼真形象的铝合金车模，包括上盖和底盘部分。工程训练实验如图4-13所示。

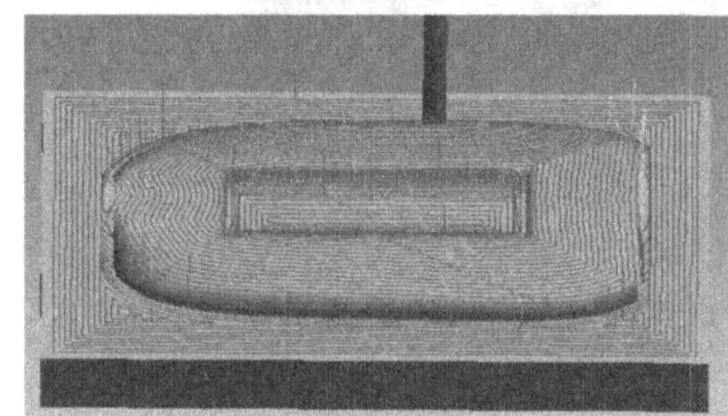
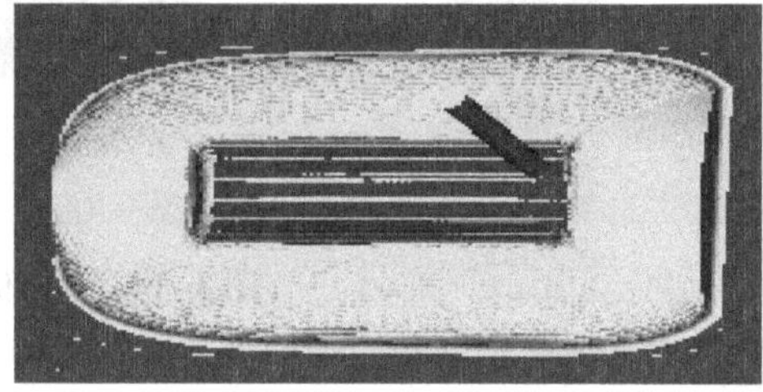

图4-13　工程训练实验

（2）车床仿真系统实验：中心现有车床仿真系统，可实现线框/实体仿真、固定循环/子程序模拟、动态缩放/平移/旋转、模型剖切、碰撞检查、毛坯自定义、刀路测量、加工时间计算等功能，如图4-14所示。

（3）铣床仿真系统实验：中心现有铣床仿真系统，可实现刀位轨迹预览、实体检验、图形编辑、刀位几何信息等功能，如图4-15所示。

（4）机床轴加工仿真系统实验：中心现有机床轴加工仿真系统，可实现机床轴在工作过程中的运动模拟功能，如图4-16所示。

（5）数控加工在线编程仿真系统实验：中心现有数控加工在线编程仿真系统，可实现在线加工编程的模拟显示，如图4-17所示。

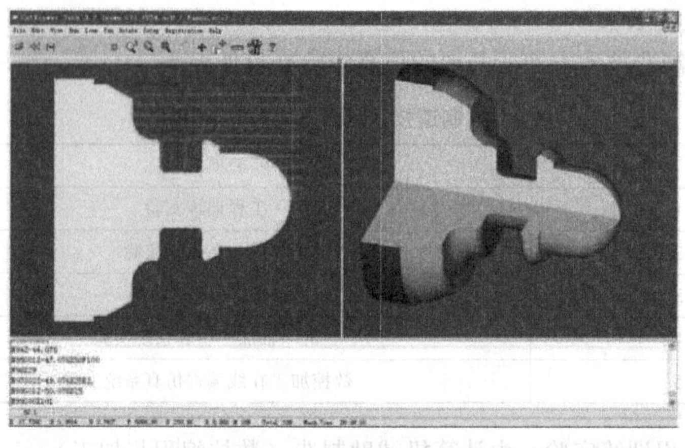

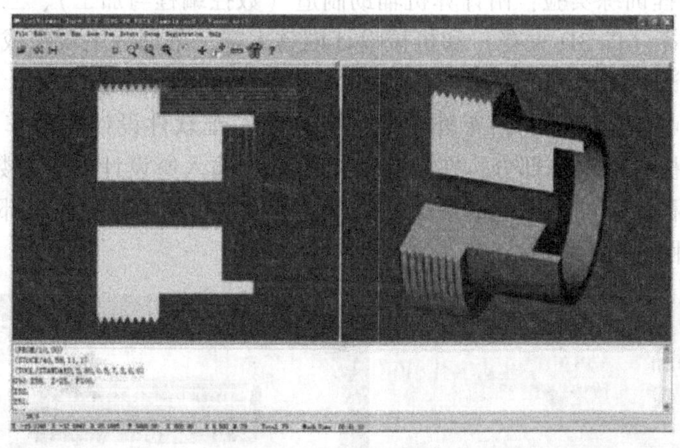

图 4-14　车床仿真系统

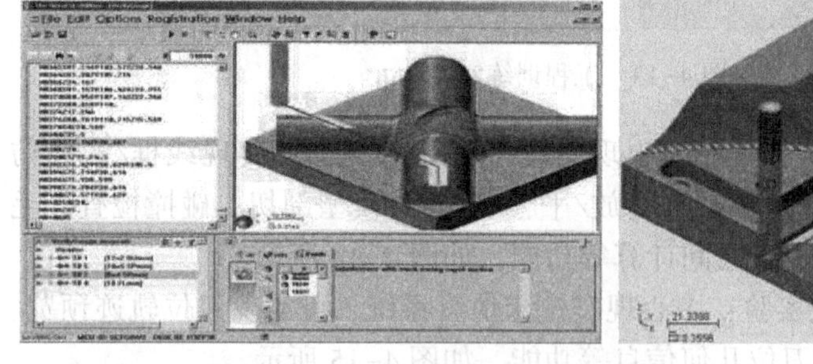

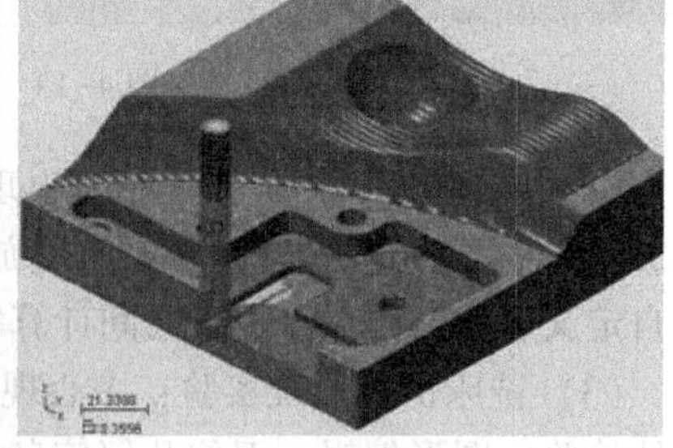

图 4-15　铣床仿真系统

3. 工业控制技术

中心在工业控制技术方面所开展的仿真项目包括单片机编程在线仿真实验和 PLC 仿真教学系统。

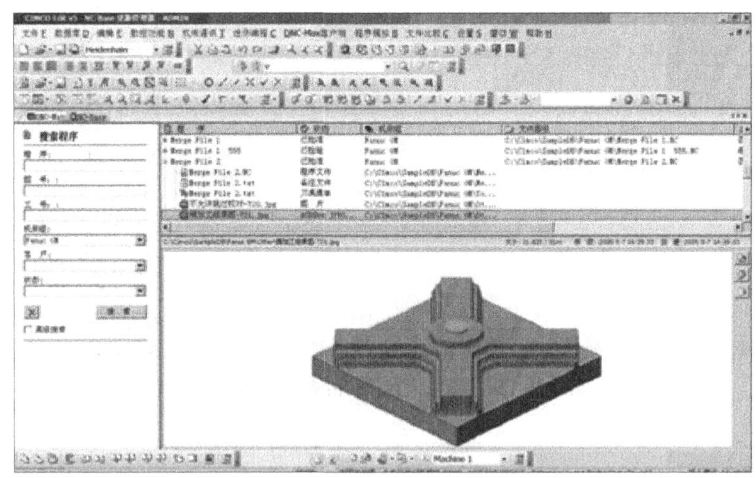

图 4-16　机床轴加工仿真系统

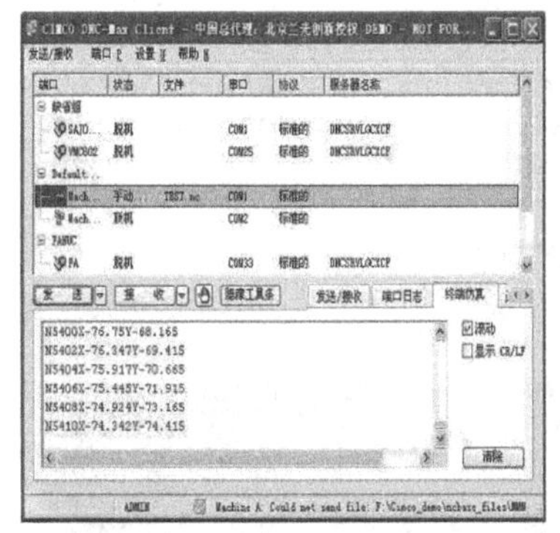

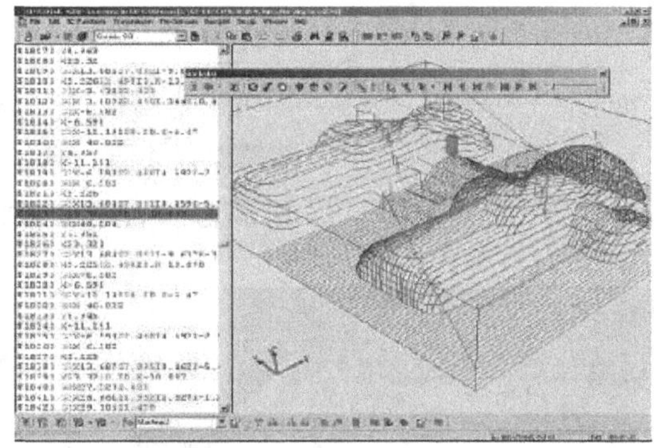

图 4-17　数控加工在线编程仿真系统

（1）单片机编程在线仿真实验：可提供单片机在线编程及模拟，如图 4-18 所示。

（2）PLC 仿真教学系统：将 PLC 控制与组态软件相结合，组态软件接收 PLC 控制信号，并依照程序算法直观显示 PLC 控制结果，以仿真代替实物，如图 4-19 所示。

4. 生产组织技术

中心在生产组织技术方面所开展的仿真项目包括生产线布局仿真教学系统和制造过程仿真教学系统。

（1）生产线布局仿真教学系统：建立各类机械设备的虚拟样机，并设计设备的运动指令、信号指令，通过仿真控制台驱动虚拟样机工作，如图 4-20 所示。

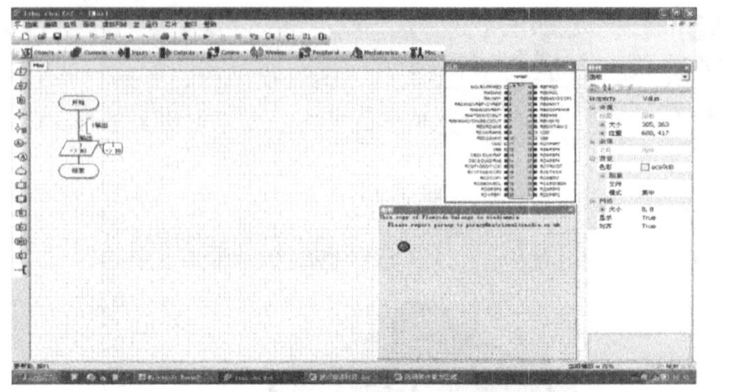
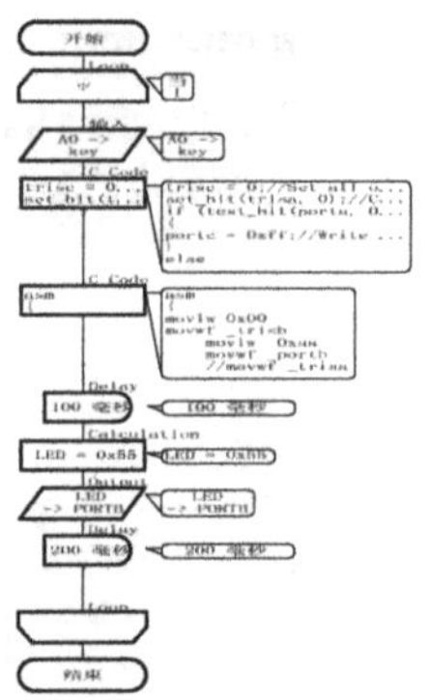

图 4-18 单片机编程在线仿真实验

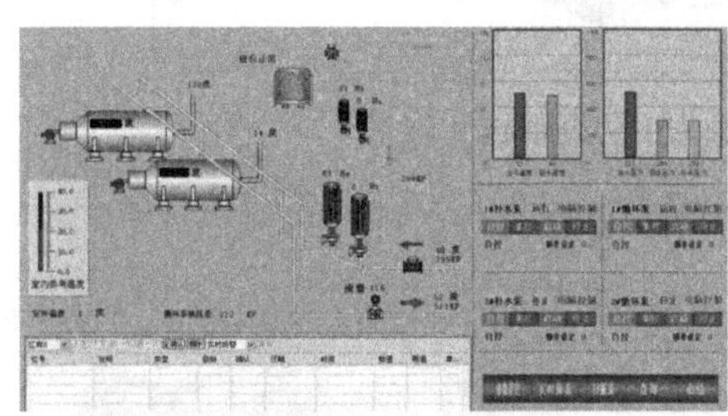
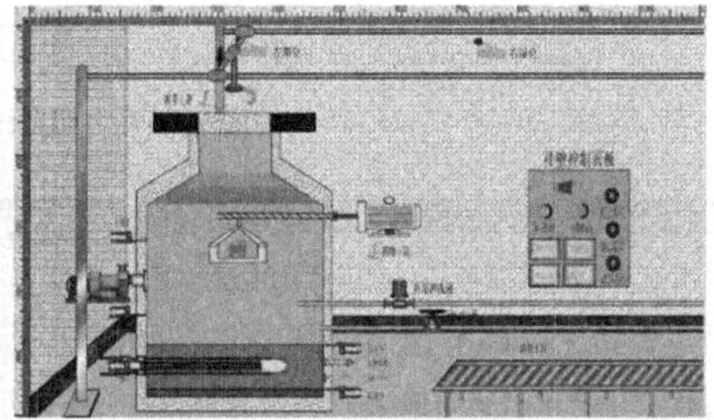

图 4-19 PLC 仿真教学系统

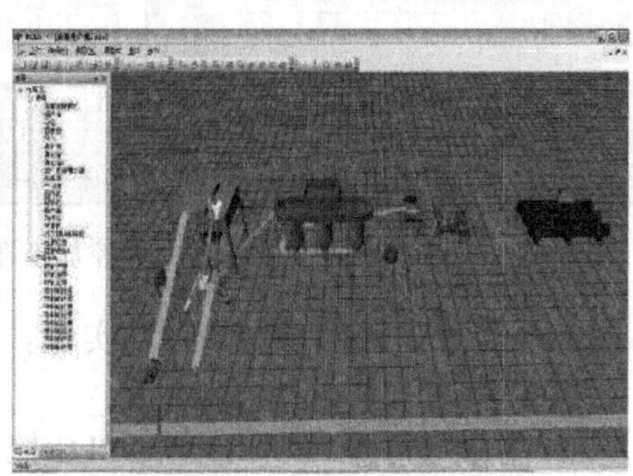

图 4-20 生产线布局仿真教学系统

（2）制造过程仿真教学系统：中心现有制造过程仿真教学系统，通过对制造车间加工设备的建模，设备加工状态信息的实时采样，实现对生产过程及设备的透明化、实时化管理，如图 4-21 所示。

5. 科研成果转化

中心在科研成果转化方面所开展的仿真实验项目见表 4-4。

图 4-21 制造过程仿真教学系统

表 4-4 科研成果转化方面的仿真实验项目

序号	实验项目名称
1	难加工材料切削仿真实验
2	数控机床指令域示波器仿真实验
3	电火花加工机理与工艺仿真实验
4	航空发动机机匣加工仿真实验
5	机械手仿真动力学仿真实验
6	电动汽车动力系统综合仿真实验

(1) 难加工材料切削仿真实验：瑞士奇石乐 Kistler 9257B 三向测力仪用于切削力测量模拟仿真对比，如图 4-22 所示。

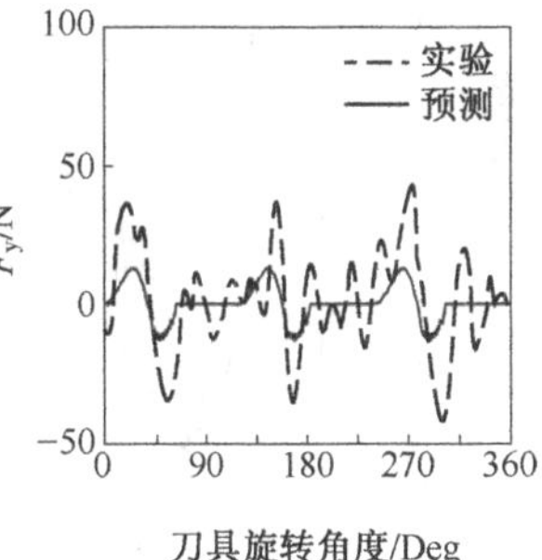

图 4-22 切削仿真对比

(2) 数控机床指令域示波器仿真实验：开发可嵌入华中 8 型数控系统的指令域采样数据的分析工具，实现电机电流、主轴功率、主轴振动等状态数据的在线仿真，如图 4-23 所示。

(3) 电火花加工机理与工艺仿真实验：针对线切割机中的电火花放电机理进行研究，建立各种环境下电火花的工作模型，从而进行线切割机放电的仿真控制，如图 4-24 所示。

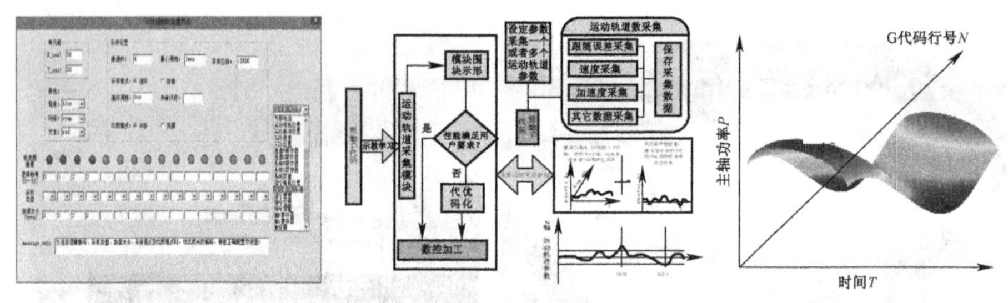

图 4-23　指令域示波器仿真

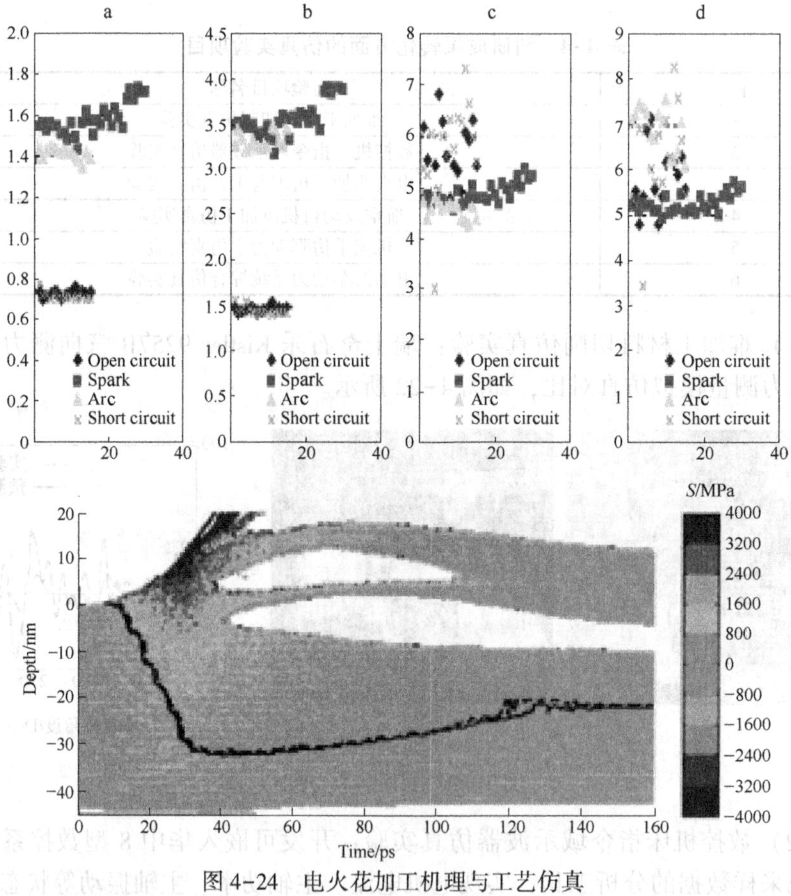

图 4-24　电火花加工机理与工艺仿真

（4）航空发动机机匣加工仿真实验：针对航空发动机机匣加工的特点，建立大型双主轴七轴五联动数控龙门式加工中心的总体模型，从而进行超大惯量下运动稳定性、双主轴动平衡及协调控制等技术的仿真研究，如图 4-25 所示。

（5）机械手仿真动力学仿真实验：针对湖北中航精机的冲压机械手，建

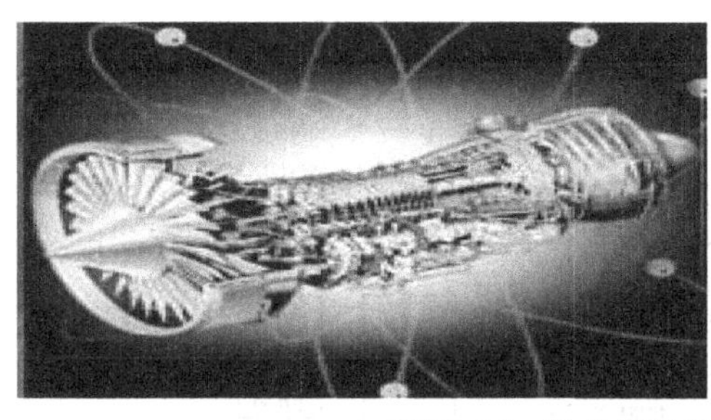
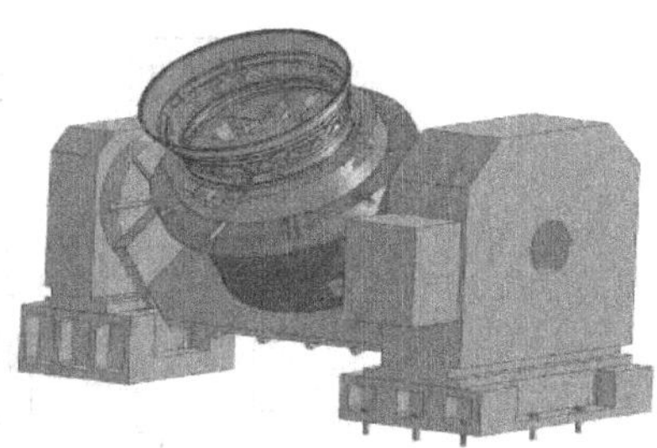

图 4-25　航空发动机机匣加工仿真

立基于虚拟样机技术的 9+1 机械手模型，并引入 ANSYS 进行动力学仿真研究，如图 4-26 所示。

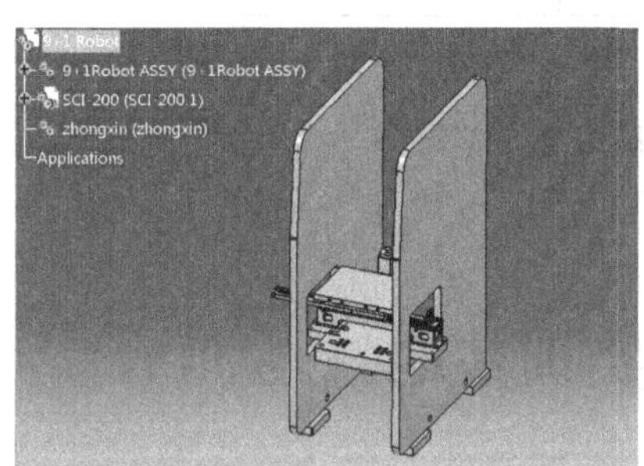

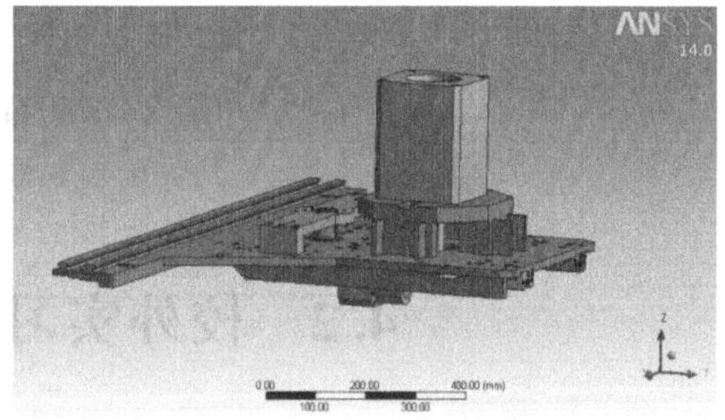

图 4-26　机械手仿真动力学仿真

（6）电动汽车动力系统综合仿真实验：针对湖北省蓄电池质量监督检验中心的电动汽车动力综合测试平台，建立其仿真实验平台，充分利用计算机的仿真功能及专家系统，实现软硬件结合的测试平台，如图 4-27 所示。

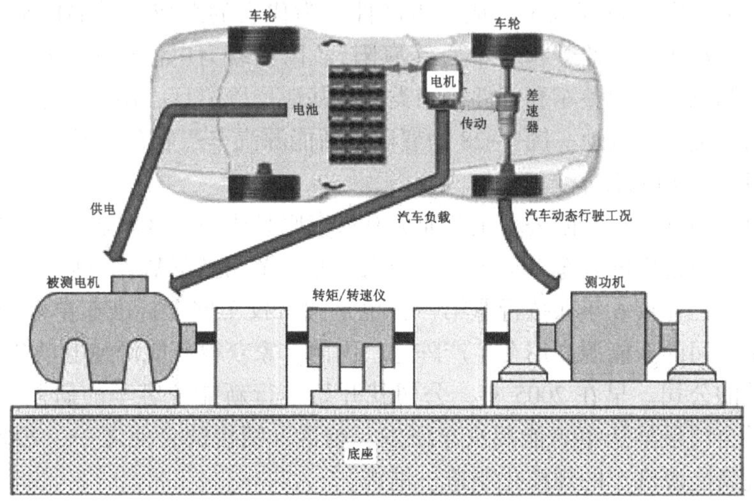

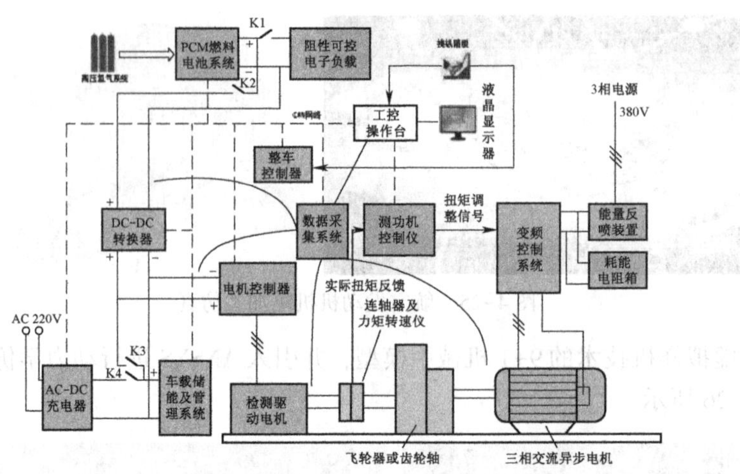

图 4-27 电动汽车动力系统综合仿真平台

4.2 校外实习实训基地

湖北文理学院与襄阳市 30 余家核心汽车企业建立校外实践实训基地，签订校企人才协同培养、产学研基地协议。根据企业性质结合汽车专业特点，可整理分类出以东风汽车股份有限公司、东风襄阳旅行车有限公司为代表的整车类实践基地；以东风电驱动系统有限公司、湖北长鑫源汽车实业有限公司、湖北三环锻造有限公司等汽车总成、零部件厂为代表的总成、零部件类实践基地；以国家汽车质量监督检验中心（襄阳）、国家动力电池检测中心（襄阳）为代表的第三方专业整车和部件检测类实践基地；以追日、橘子租车为代表的运用和服务类实践基地。图 4-28 为襄阳市新能源汽车产业布局图。

1. 东风襄阳旅行车有限公司

东风襄阳旅行车有限公司主营业务有客车底盘业务、客车业务、新能源汽车业务。公司是中国客车骨干企业，国家专业客车底盘奠基者，所属客车底盘市场占有率已连续 6 年保持行业第一，也是国家校车安全标准起草单位之一，东风汽车公司的新能源商用车生产阵地，国内首家获得新能源纯电动和混合动力双资质的公司。早在 2005 年，公司就开始进行新能源客车的研发、制造、销售，是全国最早从事新能源汽车研发、制造、销售的企业之一，2009 年已全面实现新能源汽车的规模化制造、销售。

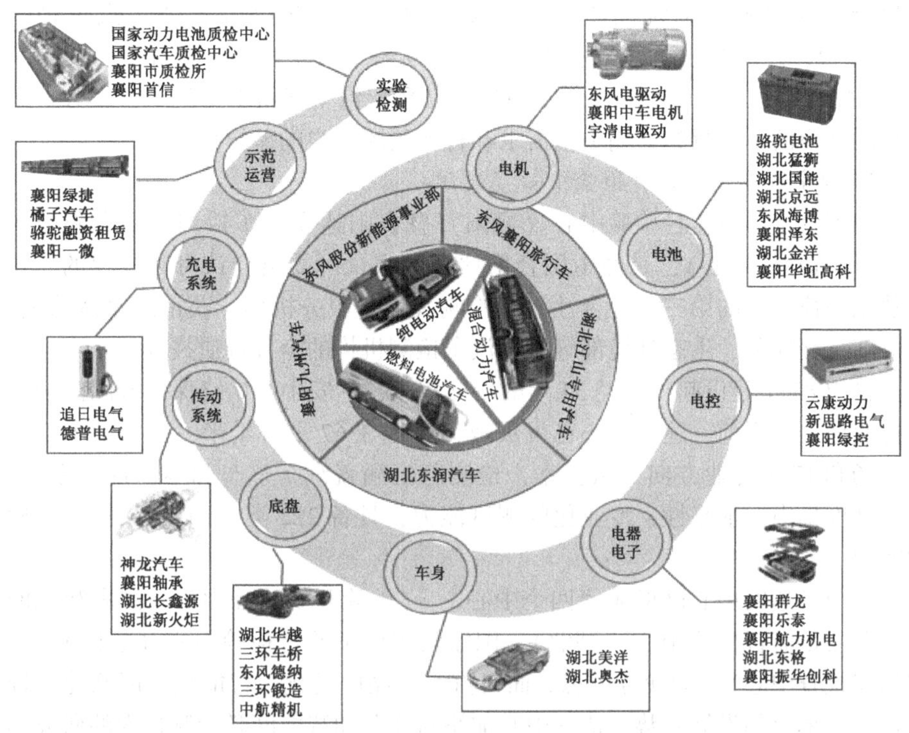

图 4–28　襄阳市新能源汽车产业布局图

公司汲取东风汽车公司多年的技术精华，自主研发的专用客车底盘技术领先全国，已建立 5~12 米全系列底盘平台，覆盖客运、旅游、团体、专用车等全部市场，为全国 80 多家主流客车生产厂家配套，形成长、中、短齐全，高、中、低档互换，燃油、燃气、纯电动、混合动力等多种动力源并举，前、中、后置任选的全系列产品格局。

2. 东风汽车股份有限公司

东风汽车股份有限公司是肩负东风汽车公司轻型商用车事业的大型股份制企业，是国内领先的轻型商用车整体运营解决方案提供商。公司持续以技术创新为客户创造价值，坚持制造、销售符合国家排放法规的产品。2016 年，在多年技术积累的基础上，公司在业内率先推出全新、全系列中高端国五排放标准轻型商用车，成功实现产品绿色升级。

公司通过先进的管理流程、技术和操作标准持续提升产品品质，保障客户使用东风轻型商用车实现稳定运营。2016 年，公司从客户需求出发，明确近期事业发展方略，即以客户为中心的品质提升战略。全员将该方略作为共识，从自身岗位做起，围绕品质提升战略开展工作。2017 年，公司汽车销量 189 522台，公司业务涵盖全系列汽车品种从轻卡、工程车、特种车、皮卡到 SUV、MPV、客车、轻型客车及底盘等，从传统汽车到新能源汽车，多方位满足全国客户的不同货物运输类型需求和行业集团客户的差异化需求。

3. 国家汽车质量监督检验中心（襄阳）

国家汽车质量监督检验中心（襄阳）暨襄阳达安汽车检测中心有限公司（以下简称达安中心），是经中国合格评定国家认可委员会认可和授权的、具有独立法律地位的第三方综合性汽车检测及技术服务机构，获得国家认监委、工信部、交通部、生态环境部等对于汽车检测机构的全部资质授权。

自 1985 年建设起，历经 34 年的发展积累，达安中心始终保持着国内领先的行业地位。当前，达安中心已发展成为占地 3.67 平方千米，拥有 1 个汽车试验场和 17 个专业方向的试验室，检测范围涵盖汽车整车和零部件全系列，形成高度集中、前瞻性、专业化的测试能力，具备 222 类、1 023 项标准的检测能力。

当前，达安中心已形成“四个中心”［（试验开发验证中心、国家智能网联汽车质量监督检验中心（湖北）、国家汽车质量监督检验中心（襄阳）、襄阳达安检查中心）］的业务形态。面对汽车产品电动化、智能化、网联化、轻量化、共享化的发展趋势，达安中心加快新能源和智能网联检测技术的研究和积累，且当前已形成完整的氢能源试验检测能力。作为首批获得批准的国家智能网联汽车监督检验中心，达安中心已形成完善的整车 ADAS 测试以及自动驾驶试验测试能力，并完成了现有园区的智能化、网联化改造，已能进行 46 种智能网联场景的检测，在快速推进的扩建工程中，达安中心将搭建 140 余种智能网联测试场景，处于国内领先地位。

4. 襄阳航力机电技术发展有限公司

襄阳航力机电技术发展有限公司隶属于中国航空工业集团公司金城南京机电液压工程研究中心（原 609 研究所），是集科研、生产、制造与服务为一体的综合性高新技术企业。公司秉承“航空报国，强军富民”的宗旨，以航空军工技术为依托，以完备的军工资质及军、民品质量管理体系为保障，以一流的研发团队和加工制造能力为基础，走科技创新之路，大力拓展军、民两用市场。

公司产品已广泛应用于航空航天、兵器、船舶、铁路、特种车辆、机器人、石油化工、电力、纺织机械、工程机械、新能源汽车等领域。公司具有较强的军、民品研发能力，目前已拥有 3 项发明专利、47 项实用新型专利、1 项外观设计专利和 3 项产品标准；具备铸造加工、机械加工、热表处理、钣金焊接、氩弧焊、真空钎焊、产品总装等多项生产制造能力；拥有三坐标检测、光谱分析、力学、化学、无损、荧光等理化检测能力；拥有电机智能综合试验、热动力综合试验、燃油产品寿命试验及振动、冲击、高低温等环境试验能力，为各军民企业项目合作提供了有力的保障。

5. 东风汽车电子有限公司

东风汽车电子有限公司始建于 1969 年，专门从事汽车组合仪表、传感器及电控模块产品的研发与制造。公司目前具有空心线圈式仪表机芯及驱动、步进电机类仪表机芯及驱动、CAN 总线仪表、TFT-LCD 平板液晶显示仪表、车用传感器、整车控制器（VECU）、车身控制器（BCM）、汽车行驶记录仪（VDR）、整车网络系统的研发与制造技术，产品满足国三、国四排放标准要求。

公司自主掌握电子化组合仪表及电控模块产品相关核心零部件制造技术，FDM 快速成型、快速模具制造技术；配置 Pro/E、CATIA V5、AutoCAD、Altium Designer 等先进设计软件；通过了 ISO/TS 16949 质量体系和 OHSAS 18001 与 ISO 14001 职业健康安全与环境管理体系第三方认证；科技部认可的国家火炬计划重点高新技术企业。

6. 十堰东诚商务服务中心

十堰东诚商务服务中心是集众多社会资源于一体，为大学生创造实习机会，提供中国最先进汽车技术与管理参观学习服务的一家机构。该中心为大学生提供火车接站、食宿安排、进厂实习、知识讲座、就业指导等全方位服务。旗下的实习基地充分发挥东风汽车公司作为国家特大型企业的引领示范作用，为全国高校的机械、自动化和汽车专业的大学生开展实习和实践活动，为国家培养更多的机械、自动化和汽车领域专业人才。

7. 湖北中航精机科技有限公司

湖北中航精机科技有限公司隶属于中航工业机电系统股份有限公司，是专业研制、生产、销售汽车座椅精密调节装置、骨架、各类精冲制品、精密冲压模具的高新技术企业，主要产品位居亚洲前列，现有业务覆盖全球主要汽车厂商。

经过多年的发展，公司已建立起了强大的国内、国际市场网络。在国内，市场遍布 20 多个省（区、市）。在国外，座椅调角器、滑轨产品已出口到澳大利亚、伊朗、马来西亚、泰国、阿根廷等国家，未来将扩大到欧洲、美洲。公司拥有 IATF 16949：2016 质量管理体系认证证书、ISO 14001：2015 环境管理体系认证证书以及 OHSAS 18001：2007 职业健康安全管理体系认证证书。

8. 湖北航宇精工科技有限公司

湖北航宇精工科技有限公司是中航工业集团旗下航宇救生装备有限公司的下属子公司。公司依托先进的软硬件实力，专业从事汽车门锁系统、汽车铰链、汽车内外饰、汽车锁扣等汽车零部件的研究、开发、制造和销售。

产品已经涵盖轿车、面包车、大客车、卡车四大系列30余种型号；是东风商用车公司、东风乘用车公司、神龙公司、上汽通用五菱、广汽乘用车、华晨华瑞、吉利集团、中通、宇通、金龙等公司的主要产品开发和专业定点供应商。

9. 襄阳朗源机电有限责任公司

襄阳朗源机电有限责任公司成立于2005年，专门从事发动机动力的研究与开发业务，团队致力于为特殊的市场需求提供最专业的动力服务。公司不仅是康明斯授权的经销商，还是康明斯开拓工业市场动力单元设计及应用配套的重要合作伙伴，产品涉及系列煤矿用防爆柴油机、天然气（沼气）动力、车用与工程机械等动力、船舶、泵用及发电机组。通过对已有资源的整合，目前公司在动力市场上已建立了独特的能力和优势，与200多家OEM厂建立了长期合作关系，并通过各大区域分销商将产品覆盖到中小用户。

在国际市场上，公司的出口业务已覆盖到东南亚、非洲及欧美等地区，并得到了广大客户的支持和认同。公司将在动力领域继续拓展创新，使更多的客户享受到优质、专业的服务。

10. 襄阳唐福机电科技有限公司

襄阳唐福机电科技有限公司位于华夏城池、有兵家必争之地称号的襄樊，襄阳南漳县经济开发区机电工业园机电东路，于2014年5月12日在南漳县工商行政管理局注册成立，注册资本为2 000万元，在公司发展壮大的5年里，始终为客户提供好的产品和技术支持、健全的售后服务，公司主要经营汽车零部件（不含发动机）生产加工、销售；工位器具的设计、制造、安装与销售；普通机械设备的安装、调试；金属制品加工。

11. 湖北云康动力科技有限公司

湖北云康动力科技有限公司成立于2014年7月16日，注册地位于襄阳市高新区奔驰大道38号，法人代表为刘彦军。经营范围包括内燃机及相关零部件的开发、生产、销售、售后服务及再制造；新能源汽车增程器的开发、生产、销售及售后服务；新能源汽车电控系统的研发、销售及售后服务；新能源汽车零部件的开发、生产、销售及售后服务；内燃机、新能源系统的研发及检测服务；发电机组、水泵机组的生产、销售和售后服务；汽车、汽车零部件、汽车轮胎、汽车蓄电池、润滑油（不含危险化学品）、化工产品（不含危险、监控、易制毒、危险化学品及化学试剂）的销售及售后服务；智能安防系统集成开发及应用服务；货物或技术进出口（不含国家禁止或限制进出口的货物）。

12. 湖北环宇车灯有限公司

湖北环宇车灯有限公司是从事机动车照明系统研发和制造的专业公司。公司具有40多年的车灯研发和制造经验，年生产能力60万辆，其产品主要为东风柳汽、东风商用、东风股份、四川现代、陕西重汽、安徽华菱、上汽红岩、山西大运、三环、北方奔驰等系列商用车配套，同时为东风自主品牌乘用车、上海商用车、华泰汽车、长江汽车等乘用车配套。

公司按国际标准和行业标准建立了严格的质量保证体系，通过了 IATF 16949：2016 汽车行业质量管理体系标准认证，全部产品通过了中国质量认证中心 3C 强制认证，同时为履行社会责任，公司还通过了环境管理体系认证。“环宇”牌车灯质量稳定可靠，多次获部优、省优和用户信得过产品奖；“环宇”品牌是“湖北省名牌产品”，在国内同行业享有盛誉；公司连续多年被评为“省级守合同重信用企业”，连续多年被东风汽车公司等主机厂评为“优秀供应商”。

13. 南车洛阳机车有限公司襄阳分公司

1986 年经国家计委批准，作为国家“七五”重点改扩建项目之一，南车洛阳机车有限公司襄阳分公司进行转产改建。现已形成年修东风 4 型内燃机车 200 台的能力，并具备年制造各型专用汽车 2 000 多辆、年制造各类液压油缸 3 000 套和年生产内燃机车缸套近万组的能力，已成为我国中南地区具有铁路大型内燃机车修理和公路专用车辆改制的综合型企业。公司地处襄阳市东郊，是内燃机车修理重要基地，是全国 500 家最大交通运输设备制造企业之一。

公司拥有雄厚的科研设计开发力量、先进的工艺技术、丰富的机械制造修理经验和较强的机加能力，以及高精可靠的检测实验体系、完善的质量保证体系，能够承担东风 4 系列 1 东风 8B 系列内燃机车厂修和主要部件、配件的制造修理，各种汽车改装、改造的科研、设计、制造、检测和技术咨询，各种液压油缸的设计、制造、修理、检测，以及各种金属铸锻和机械的冷热加工等。工厂正处在襄阳市发展规划的内环线以内，东临深圳工业园，南靠创新工业园，西连高新产业基地，北依东风奔驰新区产业区。中心地域得天独厚，同时被襄阳区划为工业园发展的中心地区，各高新科技项目正在这里蓬勃发展，未来不可估量。

14. 襄阳汽车轴承股份有限公司

襄阳汽车轴承股份有限公司（以下简称襄轴公司）始建于 1968 年，是我国第四个五年计划期间国家投资 1. 2 亿元建设的专为我国汽车制造配套轴承的国家重点项目，1993 年完成股份制改造。1996 年 11 月，襄轴公司率先在轴承行业通过了 ISO 9001 质量评审，获得了 ISO 9001 质量标准认证证书；1997 年年底获得了美国 FMRC 公司的 ISO 9001 产品质量认证；2005 年 3 月通过了瑞士国际认证机构 SGS 公司对 TS 16949 质量管理体系的审核，获得了 TS 16949 证书。2009 年 4 月，与三环集团成功实施了战略重组。

襄轴公司现已形成重型、中型、轻型、微型、轿车等各种车型配套轴承的体系，在全国设立了 28 个销售分支机构，建有 14 个配送中心，销售和服务网络遍及全国各大中城市，ZXY 品牌轴承在汽配市场上享有较高声誉，产品远销欧美、东南亚等国家和地区。

15. 襄阳市长源东谷实业股份有限公司

襄阳市长源东谷实业股份有限公司是一家集汽车发动机零部件生产、机械设备进口与安装为一体的高新技术企业，致力于为世界汽车发动机制造企业提供高质量高性价比的配件产品。公司凭借在自动化领域的专业水平和成熟的技术，在机械制造领域迅速崛起。公司于 2003 年年底通过了瑞士 SGS 公司的审核；2004 年获得 ISO/TS 16949：2002 质量管理体系认证；2007 年被襄阳市委、市政府授予"民营企业五十强" 称号。

公司与东风汽车集团、一汽无锡柴油机厂、康明斯发动机有限公司、神龙汽车有限公司等国内大型 OEM 建立合作配套关系，并连续多年被配套主机厂评为年度优秀供应商。公司生产的产品主要包括：缸体、缸盖、飞轮壳、连杆、主轴承盖、排气管、机油泵、齿轮室、变速箱壳体及碗形塞。同时，为了迎接更大的挑战，公司积极开拓外部市场，目前已同德国道依茨股份公司和意大利依维柯公司建立了配套关系。

16. 襄阳东晟机械有限公司

襄阳东晟机械有限公司属于生产制造汽车冲压、焊接件的专业厂家，具备冲压件模具、夹具、检具的开发加工能力，拥有高素质专业技术团队。产品主要推向国内市场，主要客户有日产（中国）投资有限公司、东风日产乘用车公司、广州东晟机械有限公司、优尼冲压（中国）投资有限公司、东风商用车有限公司、伟巴斯特（广州）车顶系统有限公司，部分产品辐射海外（日本、泰国、巴西、俄罗斯等）供货市场。

襄阳东晟机械有限公司是湖北省高新技术企业，并先后通过 ISO/TS 16949 国际汽车质量管理体系认证，ISO 14001：2004 环境管理体系认证。公司凭借过硬的技术研发能力、先进的管理、一流的硬件设备设施，实现跨越式发展，是国内最具实力的汽车冲压、焊接件专业配套生产企业。

4.3 湖北三环锻造有限公司实习实训基地（示范性基地）

4.3.1 湖北三环锻造有限公司简介

湖北三环锻造有限公司是省属国有企业，隶属于三环集团有限公司，三环集团主要从事专用汽车、汽车零部件和数控锻压机床产品的生产和经营。

湖北三环锻造有限公司是中国最大的中重型汽车转向节生产厂家，国家级高新技术企业，建有院士（专家）工作站。“十二五”期间，公司累计上缴税金1.63亿元，实现利润1.48亿元。其主导产品“东银”牌汽车转向节国内市场占有率达到50%以上，产品出口美国、德国、荷兰、韩国、意大利、印度、墨西哥、伊朗等国家，是东风汽车、陕西重汽、北奔重汽装配国内军车和出口车型的指定供应商。三环锻造产品装配的军车方阵曾多次在国庆阅兵式上接受党和人民的检阅。

公司拥有国际先进的锻造生产线，凭借过硬的产品质量，赢得了世界知名汽车制造商——戴姆勒-奔驰公司的青睐，成为国内第一家为奔驰公司提供安保件的生产厂家，并连续两年荣获“戴姆勒-奔驰优秀供应商”荣誉称号。在美国，已有超过21万台奔驰车使用的是三环锻造的转向节。图4-29为公司所获部分荣誉证书。

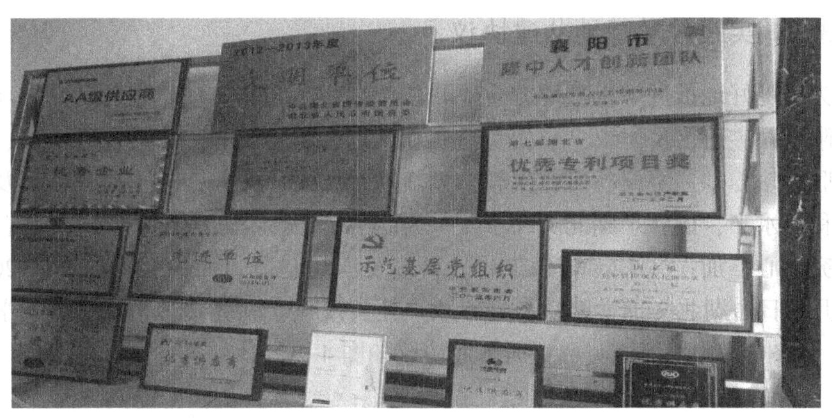

图4-29　公司所获部分荣誉证书

按照集团公司“调结构、上水平、国际化”的发展战略，公司投资15亿元，征地835亩，建设三环（谷城）精密锻造中心，应用ERP（企业资源计划管理系统）、MES（车间制造执行系统）和智能物流系统，逐步建成数字化智能工厂，实现锻造行业的绿色、节能、环保、敏捷制造。项目达产后，年销售收入可达40亿元，其中出口创汇1.6亿美元，利税5亿元。

三环精密锻造中心全部实施智能制造，建成了国内首条转向节智能制造机加生产线，应用了在线感知、自动检测、统计分析、质量追溯等高端技术，智能制造机加生产线和8000T、6300T智能锻造生产线一并入选国家首批《中国制造2025》智能制造专项项目。项目的投产、公司装备水平、智能制造水平与国际先进水平同步。未来，这里将建成亚洲锻造中心、转向节超市与锻造产品全球配送中心。公司的主要产品如图 4-30 所示。

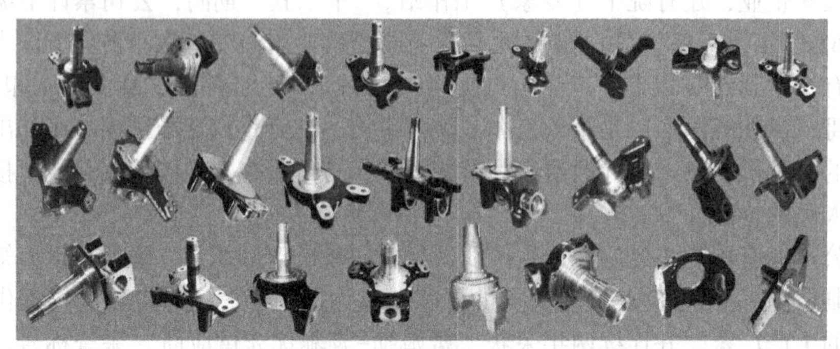

图 4-30 公司的主要产品

4.3.2 实践教学基地共建协议

为了更好地推进学校和地方企业联系与合作，湖北文理学院与湖北三环锻造有限公司签订多份协议，包括实习实训基地合作协议、产学研合作协议、研究生联合培养基地协议、研究生教育创新基地协议。此外，为了提升公司及教师的科研水平，成立了湖北文理学院—湖北三环锻造有限公司塑性成形联合工程研究中心，加强汽车转向节在锻造工艺及模具制造方面的合作，并在 2017 年 7 月 3 日由湖北文理学院教务处苏顺强处长授牌“湖北文理学院实践教学基地”，如图 4-31 所示。实习实训基地协议如图 4-32 所示。

图 4-31 2017 年 7 月实践教学基地授牌合影

附件 3

湖北文理学院-湖北三环锻造有限公司
共建实习实训基地合作协议书

甲方：湖北文理学院（以下简称甲方）

乙方：湖北三环锻造有限公司（以下简称乙方）

为了充分发挥校企(地)双方的优势，加强校企（地）间的“产、学、研”合作，加快创新型、实用型、复合型人才培养，促进企业行业技术创新及经济的快速发展，甲乙双方本着“优势互补，相互协作，互惠互利，共同发展”的原则，经友好协商，就共建实习实训基地的合作事项达成如下协议：

一、合作目的

加强校企合作，建立长期稳定的校外实习实训基地，为在校学生搭建参与社会实践的基础平台，促进理论与实践的紧密结合，锻炼和提高学生的实践创新能力；实现资源共享，探索校企合作人才培养模式。

二、合作内容

1、共同组建实习实训教师队伍。乙方组织专业技术人员和高级管理人员担任指导教师，到甲方讲学或接受培训；乙方接受甲方教师到基地挂职锻炼或顶岗工作，提高学校教师的实践能力。

2、共同开展实习实训。甲乙双方共同落实学生在基地开展的专业实习、毕业设计、毕业实习、顶岗实习等各项教学任务，培养训练学生创新精神和实践能力。

3、合作开展课题研究。在学生实习实训过程中，根据实际需要，甲乙双方共同组织学生结合岗位生产、管理、工艺、产品等方面的改进和创新，开展相关课题研究。

4、具体实习内容、方式以双方协商为准。

三、双方的权利和义务

(一)甲方

(a)

1、根据专业教学计划和课程教学大纲要求，制定实习指导书，确定每次实习的时间、内容、人数和要求，提前与乙方联系，并共同制定具体实施计划和安排。

2、实习期间，由甲方委派责任心强，有实践经验的教师担任实习指导教师，负责实习学生的跟踪管理，协助乙方做好实习工作安排，协调解决学生与乙方出现的各种问题，以便使教学理论与实践紧密结合。

3、实习活动期间，甲方实习人员必须严格遵守乙方有关规则制度，不得从事与实习无关的活动，保守乙方的生产技术和经营管理秘密。

4、为乙方人员到甲方进修、培训提供便利，发挥学校的智力优势，为乙方提供技术支持和服务，并在项目开发等方面给以合作。

5、根据乙方要求，积极推荐优秀毕业生到乙方就业。

6、在职业培训等方面优先安排乙方协议单位的技术、管理人员到甲方进修和听课。

7、对乙方业务水平比较高、带教工作认真负责或长期担任带教工作的人员可根据实际需要聘为兼职教师，或开展教学活动。

(二)乙方

1、协助甲方共同安排实习计划，以保证学生的实习效果。

2、乙方委派责任心强、具有中高级以上技术人员职称的技术人员进行指导，协助甲方实习学生顺利完成实习教学任务。

3、学生在乙方实习实训期间，乙方保证严格按照国家法律法规及乙方企业内部相关制度的规定，合理安排学生的工作和作息时间，提供必要的劳动保障。

4、负责对甲方实习学生进行必要的安全生产、操作规程以及遵纪守法的教育。

5、协助甲方共同制订实习实训阶段的考核标准，并对学生实习实训阶段的培养质量进行评价。

6、充分利用企业的行业优势和影响，根据自身需要与甲方进行项目合作研究、成果转化及经营管理等活动。。

7、为甲方教师进乙方挂职锻炼或顶岗工作提供便利，并做好指导工作。

8、根据学生的综合表现和素质，可优先选择甲方优秀毕业生就业。

四、协议期限及解除

本协议经双方签字盖章后生效，有效期 三 年。合作期满后，经甲乙双方同意，

(b)

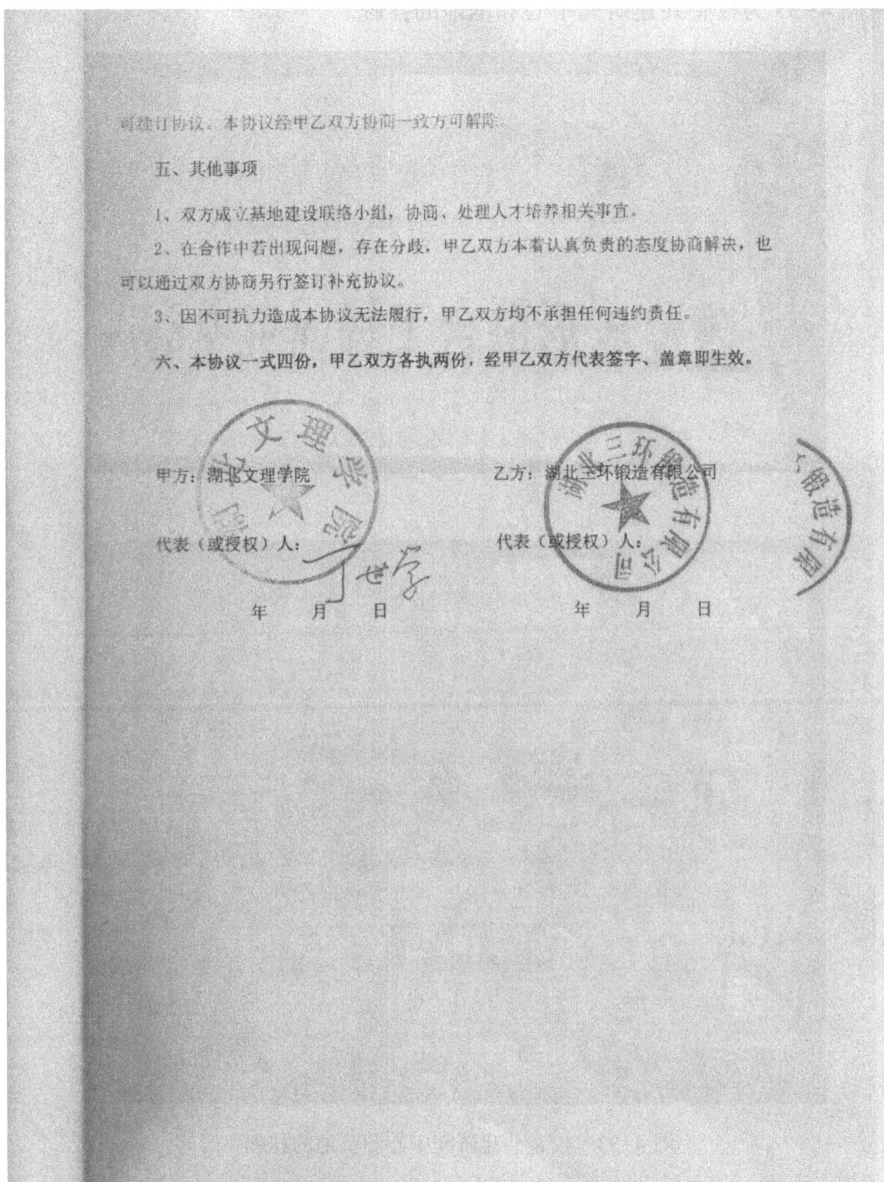
可续订协议。本协议经甲乙双方协商一致方可解除。

五、其他事项

1、双方成立基地建设联络小组，协商、处理人才培养相关事宜。

2、在合作中若出现问题，存在分歧，甲乙双方本着认真负责的态度协商解决，也可以通过双方协商另行签订补充协议。

3、因不可抗力造成本协议无法履行，甲乙双方均不承担任何违约责任。

六、本协议一式四份，甲乙双方各执两份，经甲乙双方代表签字、盖章即生效。

甲方：湖北文理学院　　乙方：湖北三环锻造有限公司

代表（或授权）人：丁世学　　代表（或授权）人：

年　月　日　　年　月　日

（c）

图4-32　实习实训基地协议

图 4-33 为校企共建研究中心和基地的挂牌。

图 4-33 校企共建研究中心和基地的挂牌

基地建设得到了湖北文理学院教务处、学科建设与研究生处、机汽学院以及湖北三环锻造有限公司与谷城县人社局、组织部等单位领导和同事的大力支持和帮助。基地逐步发展壮大，目前已形成学生 450 人认知实习、40 人顶岗实习、5~8 名毕业生岗前实习、50 名师生实践的接待规模，成为涉及车辆、机械、计算机、自动化、工业工程等多学科的综合实习实训基地。

4.3.3 基地管理规章制度

1. 实习实训基地管理办法

为了加快校外实习实训基地建设，加强产学研结合，进一步提高学生的实际操作技能，促使教学、科研全面提升，带动招生、就业良性循环，适应地方经济社会建设发展需要，结合学校实际情况，特制定本管理办法。

第一章 总则

第一条 校外实习实训基地是指企业、事业、社会团体、政府部门等各级各类单位与学校共同建立的学生实习实训、教师挂职锻炼及从事科研活动的场所，是实现学校培养目标的重要条件，双方在人才培养、实践教学、科研、技术服务与合作、培训、文化等环节或领域开展全面合作。

第二条 校外实习实训基地的教学必须全面贯彻党和国家的教育方针，遵循教育、教学的基本规律，努力培养学生的专业基本能力、基本技能和职业素质，不断提高教学质量及教学水平。

第三条 校外实习实训基地的建设要按照统筹规划、互惠互利、合理设置、全面开放和资源共享的原则，尽可能争取和与专业有关的企事业单位合作，使学生在实际的职业环境中进行实习实训，培养学生岗位能力，努力提高办学的社会效益与经济效益。

第二章 建立校外实习实训基地的基本条件和要求

第四条 校企合作关系紧密，能与“产、学、研”一体化相结合，能满足学院完成实习实训教学任务的要求，具备先进的生产手段、技术装备和科学的经营管理方式，拥有一支素质较高的技术人员和职工队伍。

第五条 能承担学校职业技术技能培训等部分实践教学任务，能接受学校友会有关专业一定数量的教师与学生开展实习实训，按照专业人才培养方案的要求提供场地和实习实训指导人员，并能满足实习学生食宿、学习、劳动保护、卫生和酬金等方面的条件。

第三章 学校与校外实习实训基地合作形式

第六条 学校为校外实习实训基地开设各种类型的非学历教育，在人才培训、委托培养、课程进修、技术咨询服务、信息交流、成果转化等方面对校外实习实训基地优先给予支持。

第七条 校外实习实训基地可向学校投资或捐资（捐物）参与办学，参与相关专业建设与指导，选派技术专家来校承担课程教学，单位领导或技术管理人员来校举办学术讲座。

第八条 学校根据人才培养方案要求，制定实习实训指导书和实习实训计划，提前送交校外实习实训基地，并委派责任心强、有实践经验的教师担任实习实训指导教师。参加实习实训的指导教师和学生在实习实训期间必须严格遵守校外实习实训基地的有关规章制度。

第九条 校外实习实训基地批量接受相关专业学生教学实习实训、顶岗实习或毕业实习，接受相关专业教师挂职参与技术与生产管理，成为双师型教师培养场所，使实习实训教学与“产、学、研”一体化相结合，产生经济效益和社会效应。

第十条 校外实习实训基地参与学校人才培养过程，开展订单培养，根据校外实习实训基地用人需求量，学校在国家就业政策许可范围内，征求毕业生本人意见后，优先推荐有关毕业生就业。

第十一条 学校与校外实习实训基地开展科研合作，形成优势互补的科研优势，完成横向课题或共同申报省级纵向课题，并取得实质性成果。

第四章 校外实习实训基地主要任务

第十二条 为学生提供包括基本技能和综合能力两方面的实践环境，使学生在真实环境下进行岗位实践，培养学生解决技术操作中实际问题的能力，取得实际工作经验。培养团队协作精神、群体沟通技巧、组织管理能力和领导艺术才能等个人综合素质，为学生今后从事各项工作打下良好的基础。

第十三条 通过校外实训基地的各项规章制度及员工日常行为规范等方面进行职业道德培训，培养学生遵纪守法、爱岗敬业的精神。

第十四条 由于校外实训基地是处于正常运转的企事业单位，学生所处的工作环境都是真实环境，实训的项目均应按相关专业学生今后所从事的职业及工作岗位进行设计，使学生有效地进行职业规范化训练。

第十五条 根据专业培养目标的要求，与学校制订共同专业人才培养方案、实习实训计划。按照科学技术的发展、岗位需求的变化及学生工作岗位的定向，开发新的职业技术技能培训项目与培训内容。

第十六条 承担对双师型队伍的培训和开展科研合作等。

第五章 校外实习实训基地的建设组织与管理

第十七条 校外实习实训基地的建设组织与管理实行校院两级管理。校级校外实习实训基地原则上由教务处协助教学系部建设与管理，院级校外实习实训基地一般由各二级学院负责建设与管理。

第十八条 教务处组织和落实实施学校校外实习实训基地规划，对全院各专业校外实习实训基地的工作进行统筹协调，按照示范性院校校外实习实训基地建设的要求，督促与协助各教学系部建立能满足教学需要的校外实习实训基地，组织校外实习实训基地协议的签订、挂牌等。

第十九条　产学研办公室、招生就业处协助和落实校外实习实训单位，积极推动校企合作，配合各二级学院建立校外实习实训基地，为毕业生提供顶岗实习岗位，拓宽学生顶岗实习与就业渠道的信息。

第二十条　各学院必须配有分管校外实习实训基地建设的负责人，并设立专门的秘书岗位（可兼职），与合作单位联系落实校外实习实训基地建设与管理工作。

2. 实习实训安全纪律要求

（1）学生实习、实训时应严格遵守学院及实习、实训单位的各项规章制度，遵守劳动、工作纪律，做到以下几点。

① 认真完成实习、实训大纲和实习进度要求的实习任务，记好实习笔记，按时完成教师布置的各项任务，积极发挥主观能动性，主动地学习专业业务知识和操作技能。

② 按时出勤，有病有事要请假。请假时间超过实习总时间的 1/3，或无故缺勤 3 天以上者，实习成绩为不及格。实习时间内不串岗，不做与实习无关的事。

③ 严格执行实习单位的安全操作规程，按规定穿着工作服、使用防护用品，不擅动设备、电器等。

④ 尊重实习单位的技术人员和工人，听从指导，虚心学习；注意处理好与实习单位职工的关系；维护学院集体荣誉；发扬团结、友爱、互助精神。

⑤ 爱护公物，节约水电，注意卫生，参加力所能及的公益劳动。

（2）指导教师不得擅自离开岗位从事其他工作，不得私自找人顶替指导，否则作为教学事故处理。指导实习期间，原则上不得请假，确因特殊情况必须请假，应经系主任批准，并指派其他教师顶岗。

走岗认识实习：其目的在于通过见习、参观、访问等形式，了解本专业企业的生产、管理、服务第一线的局部或全面情况，增加感性认识，提高对所学专业的理解；巩固、印证已学过的课程内容，为进一步学习专业课做好准备。

专业实习、实训：基本操作技能训练（实训）：其目的在于使学生通过某一基本操作过程的实际操作或模拟练习，掌握相关的操作技能和技巧。

顶岗生产实习：其目的在于通过在实习单位接受岗位实务训练，将专业课基础理论、基本知识和基本技能运用到实际工作中去，从而熟练掌握该专业的基本操作技能，获得综合的专业操作技能和实际工作经验。

① 毕业实习：其目的在于使学生独立运用专业技能知识完成岗位工作，把握和解决实际问题，提高工作能力，巩固所学知识，培养爱岗敬业的职业品质；同时扩大知识范围，结合生产实际，深入研究实习报告的内容，收集所需

要的资料。

② 毕业设计：其目的在于培养和提高学生理论联系实际、分析问题、解决问题的综合能力，强化学生综合职业能力，做好上岗的过渡准备。综合检验学生学习效果，为学生就业提供机遇，创造条件。

3. 实习岗位工作规程

实习实训基地是湖北文理学院相关学生及教师进行认知实习、毕业实习等实习实训内容的场所。

（1）认知实习规程。由实习方与基地达成认识实习意向，根据实习内容和实习人数，公司基地方成立由培训中心、安保部、人力资源部、技术部等组成的实习领导小组，规划好参观实习路线，供应好学生饮水、饮食，解决好交通住宿问题，保质保量地完成实习。

（2）毕业实习规程。根据公司统一安排，每年拿出 10 个左右的转向节锻造、加工、检测、结构优化等方面的非涉密课题作为校企双方毕业设计，在公司进行不少于半个月的课题实践，撰写结题报告，经企业指导教师认可后，返校完成毕业设计论文。特别事项：签订保密协议，禁止外泄公司商业秘密。图 4-34 和图 4-35 分别为 2017 年、2018 年毕业生设计基地选题情况。

湖北文理学院机汽学院毕业论文(设计)指导情况

序号	拟申报的毕业论文(设 计) 题目	合作企业	企业指导老师	校内导师	学生姓名	学号	班级
1	中重型汽车转向节轻量化技术路线研究	湖北三环锻造有限公司	张运军	吴华伟	周衡	2013138140	车辆1311
2	雪橇车无极变速器的设计	湖北三环锻造有限公司	余国林	丁华锋	张贤	2013138233	新能源1311
3	万吨级张力拉伸机的结构设计	湖北三环锻造有限公司	余国林	丁华锋	习呈洋	2013138118	车辆1311
4	万吨级张力拉伸机结构拓补优化设计	湖北三环锻造有限公司	余国林	丁华锋	吴有龙	2013139119	汽服1311
5	载重汽车变速箱齿轮组传动比优化设计	湖北三环锻造有限公司	余国林	丁华锋	刘聪	2013138147	车辆1311
6	汽车转向节的结构设计	湖北三环锻造有限公司	余国林	丁华锋	张曹军	2013139154	汽服1311
7	汽车转向节锻造过程模拟	湖北三环锻造有限公司	余国林	丁华锋	武董遇	2013139153	汽服1311
8	汽车转向节锻造裂纹形成机理研究	湖北三环锻造有限公司	余国林	丁华锋	谈兵兵	2013139158	汽服1311
9	大学生方程式赛车抗风阻外形设计	湖北三环锻造有限公司	余国林	丁华锋	董享军	2013138129	车辆1311

图 4-34 2017 年毕业生设计基地选题情况

序号	指导教师姓名	职称	系别	拟申报的毕业设计（论文）题目	选题来源	课题性质	合作企业	企业指导教师姓名	实习地点	选题学生	班级	学号
1	丁华锋	讲师	机械工程	基于有限元法铝合金板材淬火后残余应力分布模拟	生产一线	应用性	湖北三环锻造有限公司	陈天赋	湖北三环锻造有限公司	曹正杰	车辆1411	2014123104
4	丁华锋	讲师	机械工程	汽车转向节淬火开裂研究	生产一线	应用性	湖北三环锻造有限公司	陈天赋	湖北三环锻造有限公司	刘立强	机制1411	2014123429
5	丁华锋	讲师	机械工程	汽车转向节结构设计及强度分析	生产一线	应用性	湖北三环锻造有限公司	陈天赋	湖北三环锻造有限公司	何俊红	车辆1411	2014123309
6	丁华锋	讲师	机械工程	载重汽车变速箱齿轮组设计	生产一线	应用性	湖北三环锻造有限公司	陈天赋	湖北三环锻造有限公司	那吉龙	车辆1411	2014123260
7	丁华锋	讲师	机械工程	铝合金厚板预拉伸过程模拟	生产一线	应用性	湖北三环锻造有限公司	陈天赋	湖北三环锻造有限公司	杜梦阳	机制1411	2014123154
		汽车转向节定位孔快速检测系统（企业导师）					李志浩	中外1411	2014115139	湖北三环锻造有限公司		
	张运军	转向节模具型腔增材制造快速检测方法（企业导师）					李正	中外1411	2014115103	湖北三环锻造有限公司		

图 4-35 2018 年毕业生设计基地选题情况

4. 岗前培训方案

湖北三环锻造有限公司实习岗前培训计划见表 4–5。

表 4–5　湖北三环锻造有限公司实习岗前培训计划

	序号	内容	责任人	计划学时
通识模块	1	岗前安全教育	蒋根超	1
	2	企业基本情况介绍	蒋德超、梁文奎	2
认知实习模块（含社会调查）	1	锻造生产及热处理生产认知	梁文奎	3
	2	模具及 3D 打印生产线认知	钟晶晶	3
	3	机械加工生产线认知	梁文奎	2
	4	质检及实验中心	梁文奎	3
毕业设计模块	1	热成型工艺介绍	陈天赋	6
	2	锻造生产及热处理生产认知	梁文奎	6
	3	模具及 3D 打印生产线认知	钟晶晶	6
	4	汽车制造加工工艺	王战兵	6
	5	机械加工生产线认知	梁文奎	5
	6	质量及检测工艺	陈天赋	6
	7	质检及实验中心	梁文奎	6
顶岗实习模块	1	热成型工艺介绍	陈天赋	16
	2	汽车制造加工工艺	王战兵	16
	3	质量及检测工艺	陈天赋	16
	4	锻造生产线	梁文奎	40
	5	模具及 3D 打印生产线认知	钟晶晶	40
	6	热处理生产线	朱银	32
	7	机械加工生产线	梁文奎	32
	8	质检及实验中心	梁文奎	32

岗前安全教育方案包括工作岗位安全、人身和财产安全、防盗、防抢、防骗、防传销、防网络犯罪等多方面教育。

5. 实习指导书

（1）公司智能制造项目。

目的：了解智能制造基本概念；熟悉《中国制造 2025》；了解公司智能制造项目。

学习方式：资料宣讲+参观实习。

参考资料：

2015 年 6 月，国家工业和信息化部公示了 2015 年智能制造专项项目名录，全国共有 94 家公司、研究机构的 94 个项目入选首批示范试点。其中，湖北省仅有两个项目获得通过，三环锻造公司智能制造项目光荣上榜。

智能制造是基于新一代信息通信技术的新型制造模式，是新一轮产业变革的核心驱动力，是《中国制造 2025》确定的抢占未来产业竞争制高点的主攻方向。大力发展智能制造，不仅是加快制造业转型升级的有效途径，也是打造信息化背景下制造业新优势的重要着力点。为加快推动智能制造发展，工业和信息化部、财政部决定于 2015 年起联合组织实施智能制造专项，在基础条件好、需求迫切的重点地区、行业和企业中，选择试点示范项目。

信息化时代就是信息产生价值的时代。获得信息后，三环锻造公司快速反应，以正在建设的三环（谷城）工业园精密锻造中心为基础，进行智能制造新模式的应用。建设内容包括 4000T、6300T、8000T 4 条机器人自动化锻造生产线、热处理生产线、机加工自动化生产线（两条）、模具加工车间、成品库。公司建成涵盖产品的研发设计、生产制造、企业管理、物流/供应链、客户关系管理等制造企业各个业务领域的精密锻件智能制造新模式。

公司项目基于物联网、信息化与制造业的深度融合，通过增加智能传感器以及各单元信息系统的互联互通，建立信息物理融合系统的网络环境，实现生产过程的设备、原材料、产品、能源等方面的信息采集和集成，从而形成智能的车间环境，最终实现运营成本降低 20%以上，生产效率提高 20%以上，产品不良品率降低 10%以上，能源利用率提高 10%以上，产品设计的数字化率达到 90%以上，制造过程的数控化率达到 80%以上。公司申请 3 项以上发明专利、登记 10 项以上软件著作权、形成 5 项以上企业/行业/国家标准。

根据公司智能制造项目的规划进度，2015 年，公司已完成转向节智能机加工生产一线的安装调试工作，全线自动化投产；完成新购进的 8000T 自动化锻造生产线的安装调试工作；设计完成多目标优化和智能决策的 MES 的总体硬件、软件架构。

2016 年，公司新购进的 8000T、6300T、4000T 机器人自动化锻造生产线（含热处理）全线投产，实现生产过程智能在线感知和智能决策与控制，具备能源优化、智能调度与排产及全流程精确质量追溯的 MES 投入运行；复杂锻件的三维模具设计、成形过程仿真及优化、生产工艺及工程控制的软件投入使用；勾画出以产品需求、研发设计为主线，并横向扩展，纳入相关辅助信息、管理要求等内容的路线节点拓扑关系图谱。

2017 年，公司完成企业原有 6300T 压力机生产线改造工程，建立智能化车间新模式，全面完成智能制造项目指标。图 4-36 为工厂三维模拟图，图 4-37为智能锻造全生命周期管理框架图。

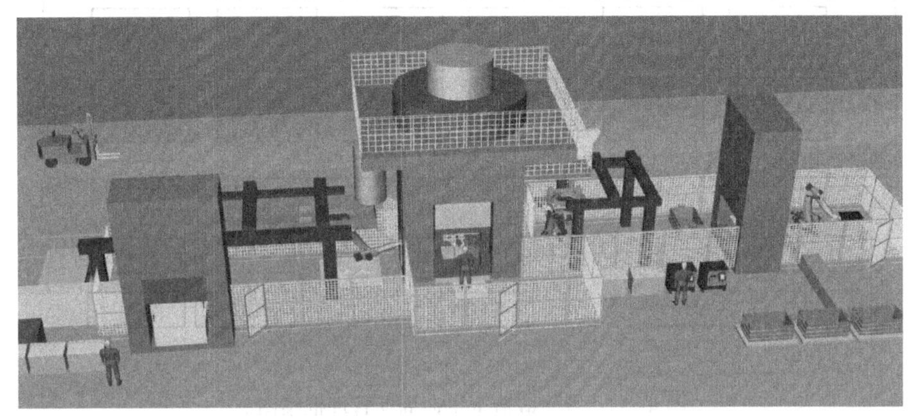

图 4-36　工厂三维模拟图

（2）德国进口 8000T 智能锻造生产线。

目的：了解热成型的工艺流程；了解锻造成形的工艺过程；熟悉热处理方式。

学习方式：视频+实地参观。

基本背景：

历经 5 个多月的不懈努力，公司 8000T 智能锻造生产线安装调试项目顺利完结，并于 2016 年 3 月 24 日下午成功完成首件锻打，现已正式投产，这是继机加车间转向节智能生产线之后的又一高智能化锻造生产线，标志着锻造公司“调结构、上水平、国际化”发展战略又迈出重要一步。

8000T 智能锻造生产线汇集各种创新改进方案于一体。

一是设备优化。选用具有国际先进水平的 8000T 电动螺旋压力机，配备 4 台机器人实现自动化生产，下料、中频加热、锻造、切边、校正、调质设备高端配置。8000T 电动螺旋压力机，可精确设置打击能量，成型精度高，锻件公差小，节约原材料；模具采用模架承压，可大大减轻模具负荷，延长模具寿命；采用变频驱动，进一步降低设备能耗；实际负荷值可以方便地进行自动调

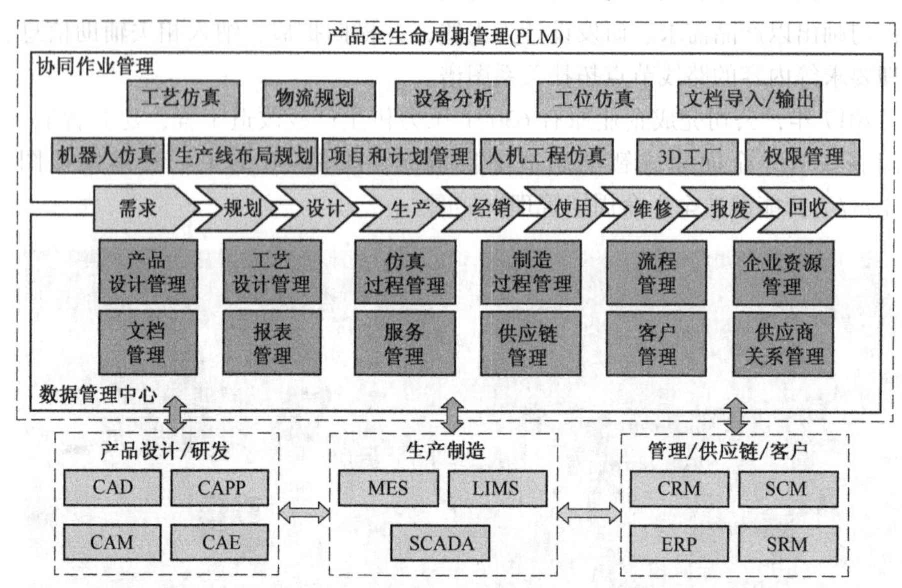

图 4-37 智能锻造全生命周期管理框架图

节，使用安全可靠。

二是合理布局。设备的平面布置力求做到工艺路线合理、物流通畅、减少或避免迂回。下料、加热、模锻、热处理、抛丸、探伤、检验，全线一气呵成，提高生产效率。采用机器人连线自动化生产方式，与前期相比可减少15名操作人员，极大节省了时间和人力、物力。

三是工艺提升。利用公司自主发明专利——转向节闭式锻造工艺，采用该工艺技术在电动直驱螺旋压力机上锻造汽车转向节，提供了一种锻造工步少、模具投入少、材料利用率高、生产效率高的生产方式。本项目的实施，对企业提高市场竞争力和可持续发展具有重要意义。通过技术进步和产业升级，进一步提高了产品工艺水平和质量档次，为开拓新的产品领域、扩大市场占有率夯实根基。图 4-38 为锻造工艺设计，图 4-39 为热处理生产线。

（3）模具 3D 打印增材焊补技术简介。

目的：了解增材制造的基本概念；熟悉锻造模具结构及优化；了解锻造模具 3D 打印增材焊补工艺。

学习方式：讲解+deform 软件仿真+参观。

背景资料：

为提升自主创新能力，推进智能制造项目建设，整合制造、设计、材料等

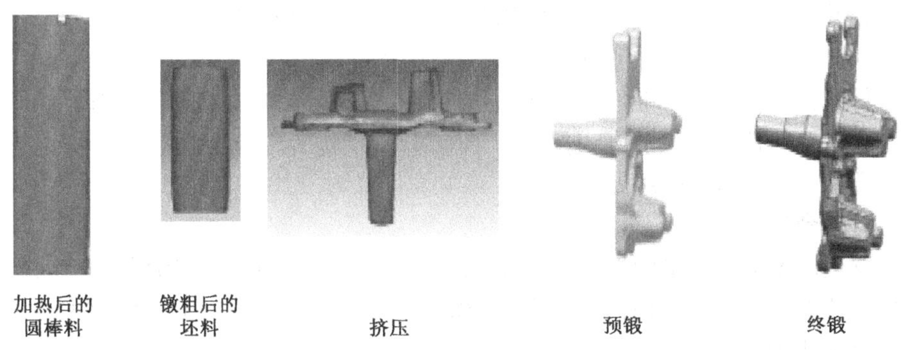

图 4-38　锻造工艺设计

图 4-39　热处理生产线

资源，促进产业结构调整升级，公司从意大利引进了“3D 打印增材焊补智能机器人”先进设备，并请来俄罗斯工程师谢尔盖先生、意大利专家卢卡先生与法比奥先生分别从计算机软件编程操作应用与现场安装、调试、焊接等实际操作方面进行相关内容的培训。

锻造模具 3D 打印增材焊补工艺是通过清理型腔、扫描建模、增材修复、精确修复等步骤，获得目标型腔的工艺。焊接过程由焊接机器人根据扫描建模后得到的编程数据自动进行，焊接精度可靠，提高了模具修复的工作效率。

公司正在进行智能制造试点示范企业的建设，而锻造模具 3D 打印增材焊补工艺将助推企业技术创新升级，为公司实现模具焊补修复智能化打下良好的基础，并产生良好的经济效益，引领行业发展模具焊补修复新模式。

（4）铝合金转向节生产工艺。

目的：了解汽车零部件轻量化的几种方式；熟悉铝合金材料的特性；了解铝合金锻造的特点及成形方式。

学习方式：讲座+参观+视频。

背景资料：

发达国家铝消费量的18%应用于汽车工业，平均每辆汽车用铝180千克，铝化率达15%。我国目前汽车的平均用铝量仅为75千克/辆左右，铝化率不到8%，差距比较大。

按《2016—2020年乘用车燃料消耗量标准》，从2016年到2020年，工信部为当年生产乘用车设立的平均油耗目标分别为百公里6.7升、6.4升、6升、5.5升和5升。

图4-40为转向节生产工艺。

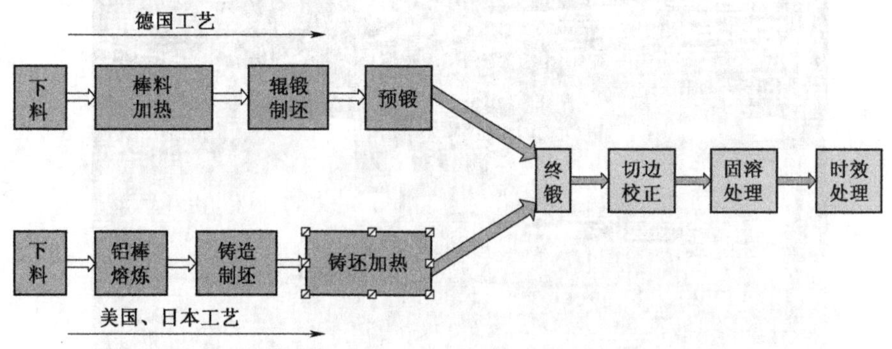

图4-40 转向节生产工艺

6. 考核方案及标准

考核内容包括：纪律情况，工作态度，专业知识应用能力，动手能力，创新思想，科研及团队协作能力。实习成绩由指导教师根据实习日记、实习报告、实习单位鉴定意见及学生在实习中的表现按五级评分法评定，即：优秀（90~100分）、良好（80~89分）、中等（70~79分）、及格（60~69分）和不及格（60分以下）五种。评分标准如下：

优秀：能很好地完成实习任务，达到实习大纲中规定的全部要求，实习报告能对实习内容进行全面、系统的总结，能运用学过的理论对某些问题加以分析，并有某些独到见解。实习态度端正，实习中无违纪行为。

良好：能较好地完成实习任务，达到实习大纲中规定的全部要求，实习报告能对实习内容进行比较全面、系统的总结。实习态度端正，实习中无违纪行为。

中等：达到实习大纲中规定的主要要求，实习报告能对实习内容进行比较全面的总结，学习态度基本正确，实习中无违纪行为。

及格：实习态度端正，完成实习的主要任务，达到实习大纲中规定的基本要求，能够完成实习报告，内容基本正确，但不够完整、系统。

不及格：有下列情况中的任何一项者，教育实习成绩为不及格：

不服从安排或擅自变更实习单位和实习时间者；不按时提交调查报告者；无故不参加任何一个实习环节者；实习单位及导师的评价为不合格者；严重违反文明规范，有损湖北文理学院和实习单位形象者。

平时实习成绩（占 50%，计 50 分）：①严格遵守国家法律、学校的实习纪律及单位规章制度；②工作积极主动，责任心强，能吃苦耐劳；③团结互助，以礼待人，学习态度端正，虚心向现场指导人员学习；④现场教学能注意听讲，认真做笔记，当天实习日记能及时完成。每个实习学生和指导教师联系 4 次，并至少完成 12 篇实习日记。平时实习成绩的评定，指导教师可通过与学生联系、了解实习单位反馈情况、批阅实习记录等方式进行。

实习报告（占 50%，计 50 分）：①独立按时完成实习报告；②内容符合实习大纲要求；③能正确运用所学知识和理论，分析与解决实际问题能力强；④论述无原则性错误；⑤文章层次分明，语言简练，书写整齐。加分项目（最高可加 50 分，与前两项累计之和不超过 100 分，特别优秀者可直接评定优秀）：①提出了合理化解决方案；②公开发表了实习相关的学术论文；③授权实用型专利或计算机软件著作权；④申请了实习相关的发明专利。

4.3.4　资源建设相关支撑材料

湖北文理学院—湖北三环锻造有限公司实习实训基地包括实习教室、会议室、产学研办公室、锻造生产现场、机加生产现场、模具生产现场等，主要面向湖北文理学院大机械专业师生进行实习实训，包含三个厂区，分别是老厂区、过山厂区和工业园厂区，涉及产品展台、热处理、锻造、后方供料、机加工等各个车间。

1. 研发工作室

主要包括产学研办公室一间，约 15 平方米，如图 4-41 所示；会议室一间，约 60 平方米。

地址：过山厂区技术中心二楼。

图 4-41 产学研办公室

2. 实习教室及生活基地

培训教室一间，约 200 平方米（含 20 平方米实习基地展厅），能够容纳 150 人进行培训；大学生实习专用寝室 6 间，可以接纳 20 名大学生实习住宿，配备有空调、公共卫生间、网校；职工娱乐中心 200 平方米，可以向实习大学生免费开放，开放时间为 9：00—21：00。

地址：老厂区（筑阳路 8 号）。

3. 亚洲最大智能锻造生产线

投资 8 000 万元建成的转向节锻造自动生产线，该生产线由进口德国舒勒 8000 吨电动螺旋压力机为主机、4 台机器人及 7 台配套中频、切边、热处理等设备组成。全线按一个工艺流设计，包含钢材存放区、下料、中频加热、预成型、主机成型、切边、热处理、抛丸、探伤等工序。各生产线及检测设备如图 4-42~图 4-45 所示。

图 4-42 机械加工生产线

图 4-43　涂装检测生产线

图 4-44　成品清洗烘干涂装生产线

三坐标测量仪

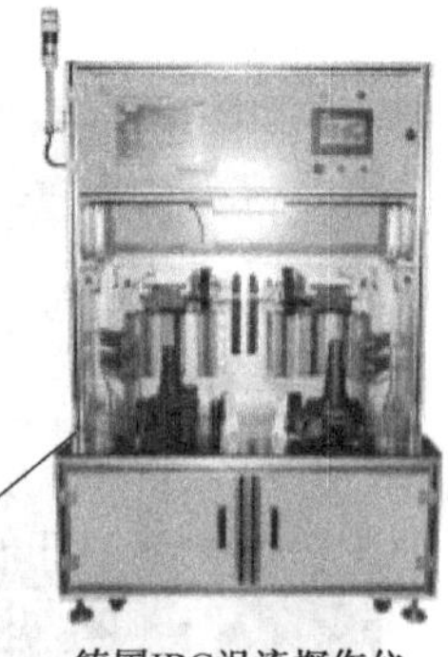

德国IBG涡流探伤仪

自动探伤生产线

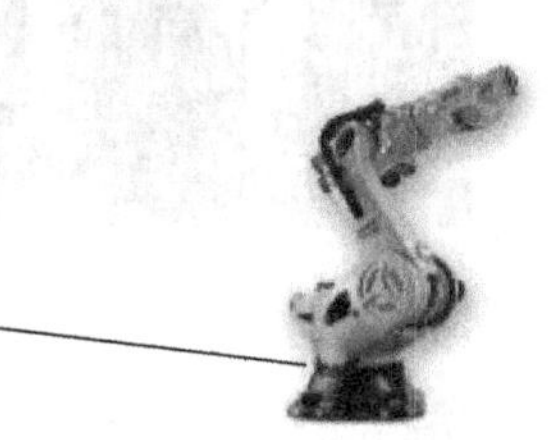

德国KUKA机器人

（a）

金相显微镜

自动端淬机

碳硫分析仪

超声波探伤仪

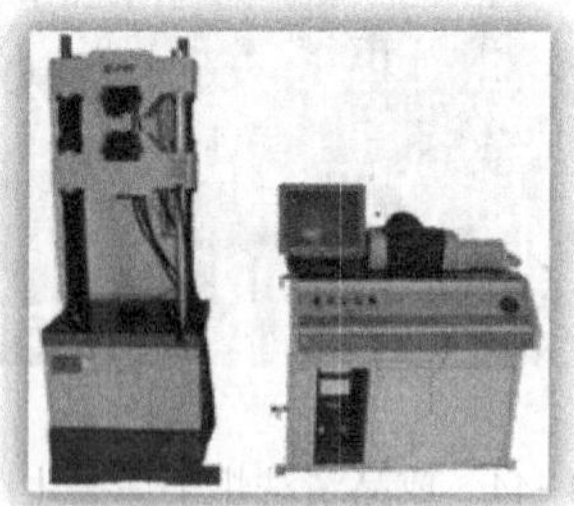

拉伸试验机

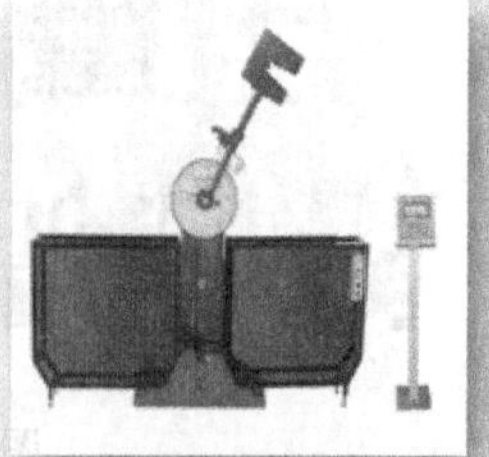

冲击试验机

（b）

图 4-45 检测设备

4. 学生实习实训

部分实习场景如图 4-46~图 4-48 所示。

图 4-46　2017 年学生实习开班仪式

图 4-47　实习现场

图 4-48　2017 年机汽学院学生认知实习

5. 教师“三进”活动

部分活动场景如图 4-49 所示。

(a)

（b）

图 4-49　教师“三进”活动合影

6. 校企互动

部分校企互动场景如图 4-50～图 4-52 所示。

（a）

（b）

图 4-50　为企业进行技术讲座

图 4-51　2017 年 1 月人才培养研讨会现场

图 4-52　2017 年 1 月老师与企业人员商讨课程建设方案

第5章 实践创新改革成效

湖北文理学院历来重视培养学生的实践创新能力，每个学院配备专职副书记、辅导员、班主任、寝室导师等人员，进行学生的思想引导、学习指导、创新创业能力培养、考研就业指导等工作。车辆专业吴华伟老师2014年担任中外1411班班主任，使原本平均低于正常录取线近10分的38名学生高质量完成学业，100%毕业和就业，其中考研5名、出国2名，在机汽学院同年级中排名第一，班级获得“优良学风班”称号。吴华伟老师指导学生发表论文4篇、撰写专利7个、授权专利7个、计算机软件著作权12个。2018年吴华伟老师担任新能源汽车1811班班主任，积极引导规划塑造习惯，积极探索校外教学资源，指导学生学科竞赛、通过大一入学教育和专业介绍及学业规划，全面启动“团队、竞赛、专利、论文、项目”五个一工程；班级57个人，最高峰时期有27个人加入大学生方程式大赛车队，获第六届“华翔腾创杯”全国大学生工程训练综合能力竞赛湖北省预赛省二等奖和三等奖各1项，参加2019年全国节能减排大赛5支队伍、累计20人次。

学院车辆工程（含新能源方向）、汽车服务工程2个本科专业，并在高年级车辆专业进行实践，得到广大教师、学生、教学管理人员和用人单位的好评，拓展了学生创新思维，提升了创造能力，提高了学生综合素质。培育了一批面向汽车行业、面向地域经济发展的高级应用型创新技术人才，有效提升了湖北文理学院汽车类毕业生在省、市周边地区和汽车行业的就业竞争力。

近3年来，车辆专业本科生表现活跃，获得以大学生方程式为代表的汽车行业和大学生机械创新大赛为代表的省级以上学科奖励47项（其中国家级奖项10项）。公开发表教研、科研论文23篇，参与申获专利15项，计算机软件著作权12项；参与以国家自科基金、中央引导地方、省科技重大专项和区域企业横向技术开发项目35项目，协助解决技术难题40项，获得省级科研奖励4项目。毕业生专业基础扎实，综合素质高，竞争力强，深受用人单位的欢迎与好评。车辆工程专业（含新能源汽车）考研率连续多年持续高升，由2015年的10%左右提升到2018年的25%左右，连续多年位居全校前列；另外，由专业教师梅雪晴担任班主任的车辆工程1511班于2019年毕业时考研录取率达到35.96%，全班 1/3 以上的学生继续深造，为车辆工程专业自本科招生以来班级考研录取率最高。同时车辆专业学生在全校举行的“科技校园”“百生讲坛”“书香校园”建设等活动中屡创佳绩，就业率连续 3 年保持在 98%以上，湖北三环集团、东风汽车公司、骆驼集团等国有大公司每年均有学校车辆专业优秀毕业生。

针对不同的年级制定侧重点不同的班主任工作重点如下。

1. 大一以学业规划和学习习惯塑造引导为主

通过社会实践与调研、校友讲解、企业家进校园、知名高校教授讲坛、亲友好友访谈等多种形式，结合教师的专业特长，从车辆专业、行业、就业等方面向学生介绍汽车专业概况，帮助学生大致了解专业方向，引导学生制订一个长远的目标，树立科学的世界观、人生观和价值观。

2. 大二以学科竞赛和科研项目创新能力培养指导为主

构建以“大学生方程式大赛”为主的学科竞赛和科研项目主的汽车专业本科生创新能力培养模式。鼓励学生参加各种大学生竞赛以及教师的科研项目，增强学生的工程和创新意识。以车辆专业为核心，组建了 TSD、飞飙、凌远三支车队参加油车组、电车组、baja 组的比赛，队员主要来自湖北文理学院车辆专业为主，该赛事本身创新性就很强，如果学生全程参与制作过程并参赛，可获得相应的课程创新成绩。在日常教学中，注重培养学生动手能力、创新能力，提高学生素质。虽然一些竞赛只有短短的几天，但是成绩的取得与日常的教学和学生能力的培养是分不开的。将学生能力的培养渗透进日常教学，特别是单片机、测试技术、三维制图等课程，加强了实验环节，采用学生创新项目驱动教学方式，促使学生养成勤于思考、勤于动手、勤于学习的好习惯，有利于学生整体素质的提高。这些都为选拔竞赛优秀选手打下了良好的基础。

科学选拔参赛选手，因材施教。采用教师推荐、学生自荐、同学互荐等方式，对于基础较好、学有余力的同学选拔其进入创新兴趣小组，重点培养，因材施教，培养其软件、硬件、写作等方面的能力。由专任教师指导，丰富学生知识，提高学生技能，激发学生兴趣，为学科竞赛储备了众多的精英选手。同时这些举措有良好的示范意义，逐渐形成了“你追我赶、奋勇争先”的学习氛围，塑造了良好的学风。

项目组成员每年承担各类科研项目 10 多项，每年可吸引 20 多名本科生参与科研项目训练，从资料收集、整理，问题提出和分析等方面让学生全面了解科研流程。学科竞赛与科研项目都是靠团队整体的力量取得成功，因此团队协作能力的培养显得非常重要。在平常的训练中要注重此方面的密切配合，发挥每个学生的优点和长处，注重性格的磨合、情绪的引导，做到按时按质完成任务。

充分发挥指导教师的指导作用。在指导教师的配置上，优先选用知识精湛、年富力强的教师参与竞赛指导、科研项目训练。在指导过程中，循序渐进地培养学生思考能力和动手能力，严格按照学科竞赛或科研项目要求进行培养，将学生们培养成富有战斗力、敢打硬仗的优胜团队。

3. 大三以论文、专利、实践、考研辅导为主

通过课程论文、学术论文撰写辅导、专利挖掘培训、生产实践、科研项目训练的方式，指导学生参加第二课堂、社会实践和科技创新活动。

项目团队积极与襄阳区域车企进行产学研深度融合，与区域企业签订实习实训基地、人才协同培养、产学研协议 30 余个，通过“高校、政府、行业、企业”四合作，并搭建“学业指导、考研指导、思想指导、创新指导、创业指导”的“五服务”机制，共同承担汽车类应用型人才培养责任。区域企业每年可吸纳车辆相关专业实习生 200 余名，引导他们参加认知实习、毕业实习、科研训练、生产实践等各类实习，有效拓展了学校办学资源，提升了学生实习实践能力。

对于拟考研学生，从报考学校、方向、专业课辅导以及面试等环节对考研学生进行全程指导，力求做到“精准、精细”。

4. 大四以就业指导、工程伦理、职业素养培养为主

通过企业导师和校外基地的职业素养和工程伦理培养、国内外就业形式分析、生产顶岗实习等措施，帮助学生正确定位、调整心态，为择业、就业做好思想准备，着力培养出踏实肯干、动手能力强的应用性本科人才。

5.1 部分获奖证书

部分获奖证书如图 5-1~图 5-18 所示。

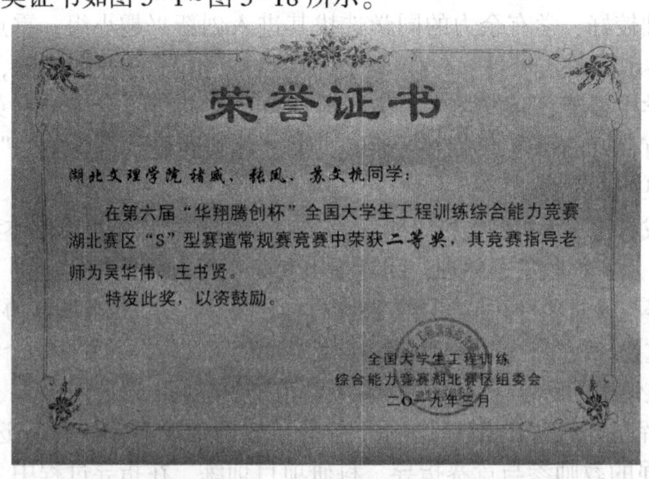
荣誉证书

湖北文理学院 褚威、张凤、苏文杭同学：

在第六届“华翔腾创杯”全国大学生工程训练综合能力竞赛湖北赛区“S”型赛道常规赛竞赛中荣获二等奖，其竞赛指导老师为吴华伟、王书贤。

特发此奖，以资鼓励。

全国大学生工程训练综合能力竞赛湖北赛区组委会
二〇一九年三月

图 5-1 学科竞赛证书 1

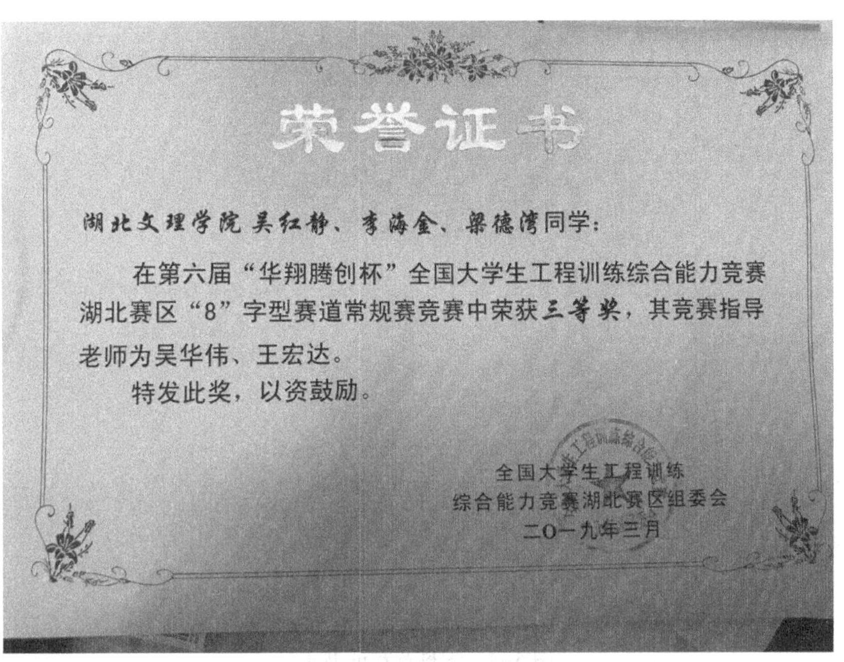

荣誉证书

湖北文理学院吴红静、李海金、梁德湾同学：

在第六届“华翔腾创杯”全国大学生工程训练综合能力竞赛湖北赛区“8”字型赛道常规赛竞赛中荣获三等奖，其竞赛指导老师为吴华伟、王宏达。

特发此奖，以资鼓励。

全国大学生工程训练
综合能力竞赛湖北赛区组委会
二〇一九年三月

图 5-2　学科竞赛证书 2

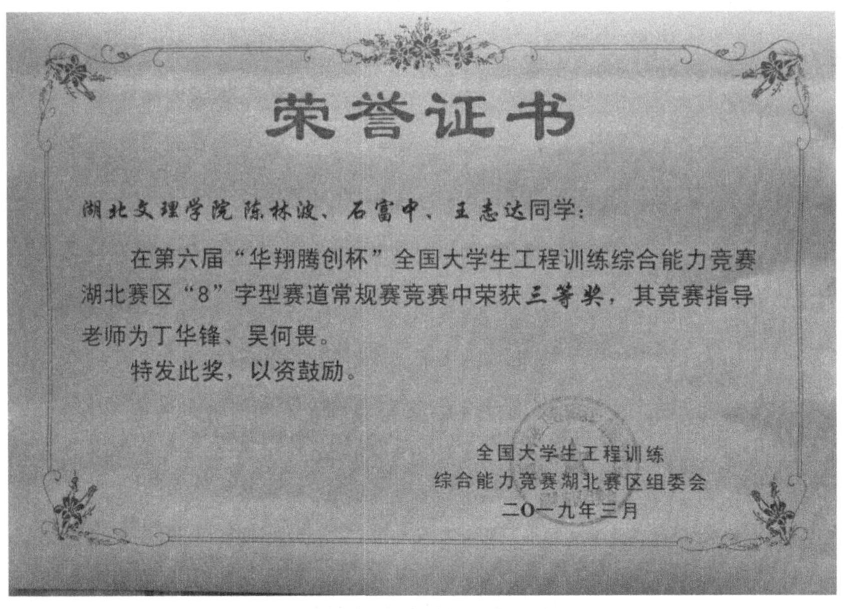

荣誉证书

湖北文理学院陈林波、石富中、王志达同学：

在第六届“华翔腾创杯”全国大学生工程训练综合能力竞赛湖北赛区“8”字型赛道常规赛竞赛中荣获三等奖，其竞赛指导老师为丁华锋、吴何畏。

特发此奖，以资鼓励。

全国大学生工程训练
综合能力竞赛湖北赛区组委会
二〇一九年三月

图 5-3　学科竞赛证书 3

荣誉证书

湖北文理学院李飞、邓佳子、牛少扬三位同学在第五届全国大学生工程训练综合能力竞赛湖北省赛区“8字型”赛项竞赛中荣获三等奖，其竞赛指导老师为吴华伟、孙艳玲。

特发此奖，以资鼓励。

全国大学生工程训练
综合能力竞赛湖北赛区组委会
2017年3月

图 5-4 学科竞赛证书 4

3DDS

DigitalMaster

全国3D大赛10周年精英联赛暨DigitalMaster2017一带一路挑战赛

龙鼎奖

赛　区：湖北赛区
获得奖项：二等奖
参赛院校：湖北文理学院
参赛团队：205 的玻璃窗下
指导教师：秦涛 吴华伟
团队成员：杨自强 王智杰 李飞 张佳丽
参赛作品：送餐小能手
参赛方向：数字工业设计大赛

全国三维数字化创新设计大赛组委会　全国3D技术推广服务与教育培训联盟
国家制造业信息化培训中心　中国图学学会
光华设计发展基金会　中国国际教育电视台
组委会
2017年7月
科学技术部　教育部　工业和信息化部　中国科学技术协会　指导
大赛官网：http://3DDS.3DDL.net

图 5-5 学科竞赛证书 5

全国3D大赛10周年精英联赛暨DigitalMaster2017一带一路挑战赛

龙鼎奖

赛　　区：湖北赛区
获得奖项：一等奖

参赛院校：湖北文理学院
参赛团队：205的玻璃窗下
指导教师：秦涛 吴华伟
团队成员：杨自强 王智杰 李飞 张佳丽
参赛作品：送餐小能手（robotwaiter）
参赛方向：数字工业设计大赛

全国三维数字化创新设计大赛组委会　全国3D技术推广服务与教育培训联盟
国家制造业信息化培训中心　中国图学学会
光华设计发展基金会　中国国际教育电视台
组委会
2017年7月
科学技术部　教育部　工业和信息化部　中国科学技术协会　指导
大赛官网：http://3DDS.3DDL.net

图5-6　学科竞赛证书6

荣誉证书

湖北文理学院李飞、邓佳子、牛少扬三位同学在第五届全国大学生工程训练综合能力竞赛湖北省赛区“8字型”赛项竞赛中荣获三等奖，其竞赛指导老师为吴华伟、孙艳玲。

特发此奖，以资鼓励。

全国大学生工程训练
综合能力竞赛湖北赛区组委会
2017年3月

图5-7　学科竞赛证书7

编号：201709122397

第十届“高教杯”全国大学生先进成图技术与产品信息建模创新大赛

获 奖 证 书

获奖项目：机械类 建模 二等奖

获奖者姓名：王磊

所在学校：湖北文理学院

指导教师：高成慧、刘亚丽、秦涛

教育部高等学校工程图学课程教学指导委员会（浙江大学代章）
中国图学学会制图技术专业委员会
中国图学学会产品信息建模专业委员会
2017.7.23

图 5-8 学科竞赛证书 8

荣誉证书

湖北文理学院张延河、姜杰、胡强三位同学在第五届全国大学生工程训练综合能力竞赛湖北省赛区“8字型”赛项竞赛中荣获三等奖，其竞赛指导老师为聂金泉、朱定见。

特发此奖，以资鼓励。

全国大学生工程训练
综合能力竞赛湖北赛区组委会
2017年3月

图 5-9　学科竞赛证书 9

3DDS

DigitalMaster

No.20171104020301

全国3D大赛10周年精英联赛暨DigitalMaster2017一带一路挑战赛

龙鼎奖

赛　　区：湖北赛区
获得奖项：特等奖

参赛院校：湖北文理学院
参赛团队：我们这四
指导教师：张俊　张良斌
团队成员：陈新　徐加恒　李聪　余肖慧
参赛作品：便携式出行桌椅
参赛方向：数字工业设计大赛

全国三维数字化创新设计大赛组委会
国家制造业信息化培训中心
光华设计发展基金会
全国3D技术推广服务与教育培训联盟
中国图学学会
中国国际教育电视台
组委会
2017年7月

科学技术部　教育部　工业和信息化部　中国科学技术协会　指导
大赛官网：http://3DDS.3DDL.net

图 5-10　学科竞赛证书 10

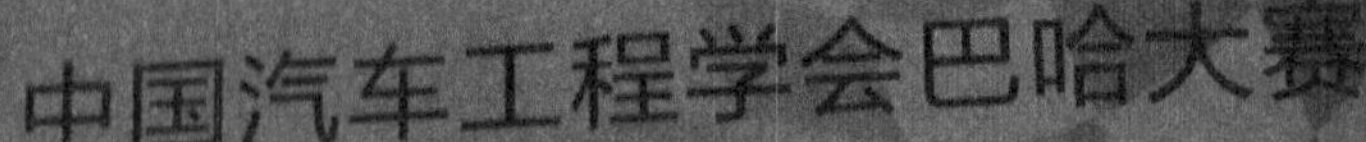
中国汽车工程学会巴哈大赛

参赛证书

牛少扬

湖北文理学院

参加 2016 中国汽车工程学会巴哈大赛

特此发证，以资鼓励

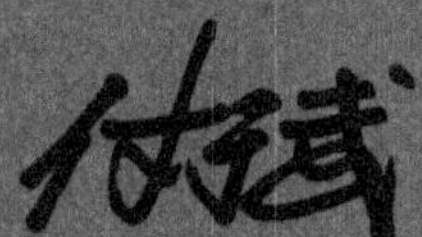

理事长 / 主席 Director General / Chairman

中国汽车工程学会

Society of Automotive Engineers of China

SAE CHINA

中国汽车工程学会

Society of Automotive Engineers of China

Baja SAE China

中国汽车工程学会巴哈大赛

图 5-11 学科竞赛证书 11

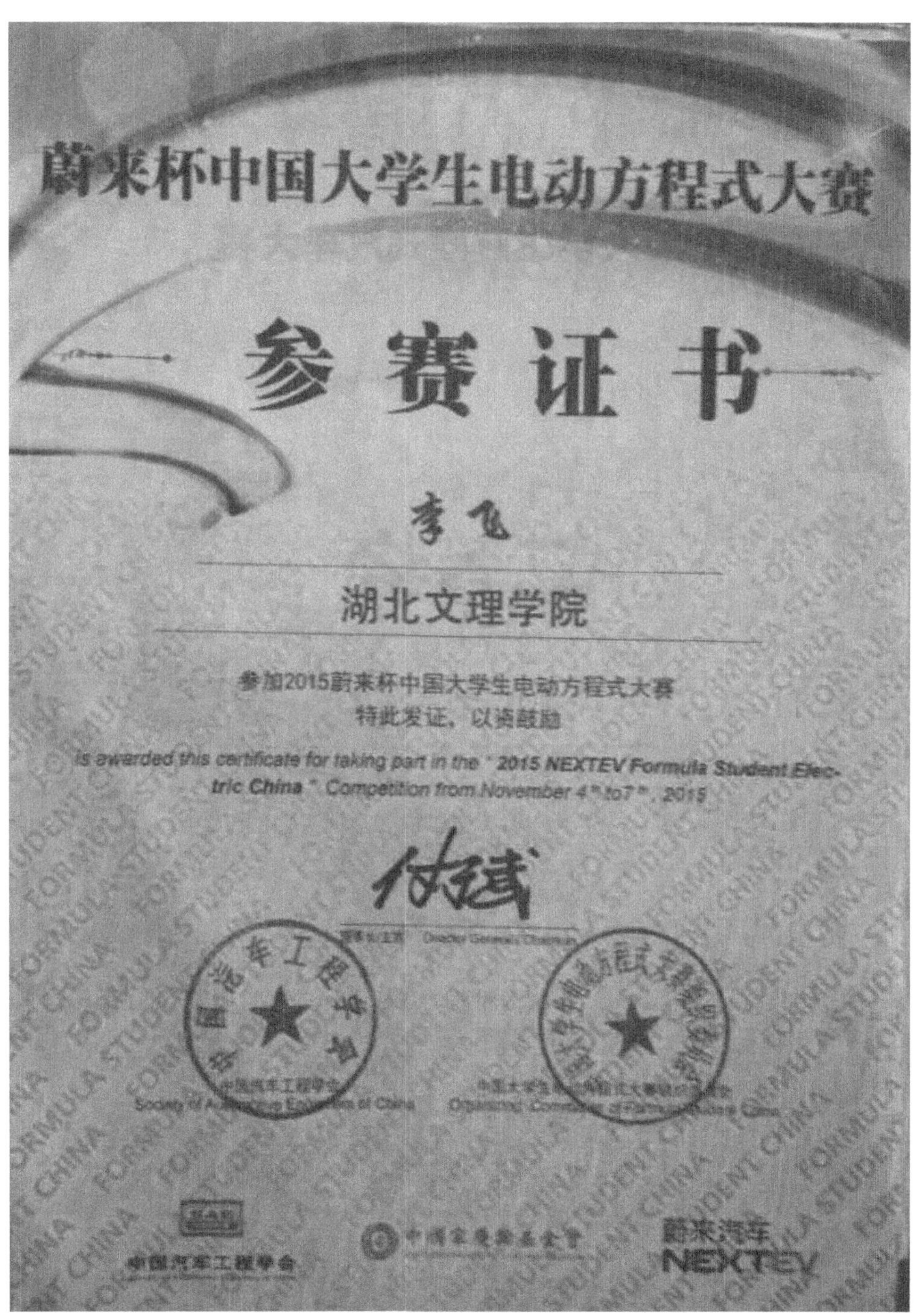

图 5-12　学科竞赛证书 12

2017

中国大学生方程式汽车大赛

FORMULA STUDENT CHINA

二等奖

湖北文理学院

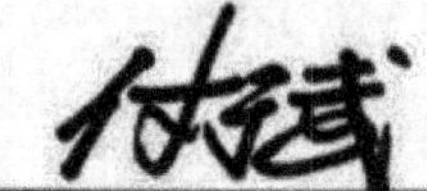

理事长/主任 Director General/Chairman

中国汽车工程学会

Society of Automotive Engineers of China

中国汽车工程学会

Society of Automotive Engineers of China

中国大学生方程式汽车大赛

FORMULA STUDENT CHINA

图 5-13 学科竞赛证书 13

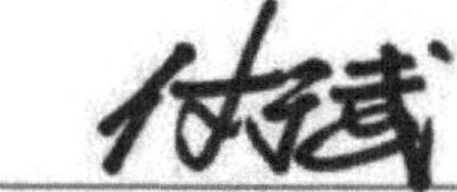

图 5-14　学科竞赛证书 14

图 5-15 学科竞赛证书 15

中国汽车工程学会
巴哈大赛

湖北文理学院

在“梦想杯”2016中国汽车工程学会巴哈大赛中获得本科院校

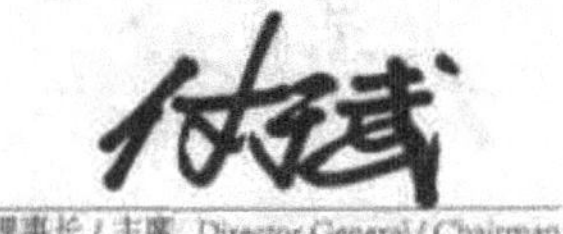

理事长 / 主席　Director General / Chairman

中国汽车工程学会
Society of Automotive Engineers of China

Baja SAE China
中国汽车工程学会巴哈大赛

图 5-16　学科竞赛证书 16

中国大学生方程式汽车大赛

湖北文理学院

在"昆仑润滑油杯"2015中国大学生方程式汽车大赛中获得

二等奖

理事长/主席 Director General / Chairman

中国汽车工程学会
Society of Automotive Engineers of China

中国大学生方程式汽车大赛组织委员会
Organizing Committee of Formula Student China

中国汽车工程学会
Society of Automotive Engineers of China

昆仑润滑油杯 中国大学生方程式汽车大赛
KUNLUN LUBRICANT FORMULA STUDENT CHINA

图 5-17 学科竞赛证书 17

中国大学生方程式汽车大赛
中国大学生电动方程式大赛
组委会公函

2015 中国大学生方程式汽车大赛

2015 中国大学生电动方程式大赛

“昆仑润滑油杯”2015 年第六届中国大学生方程式汽车大赛（FSC）、第一届中国大学生电动方程式大赛（FSEC）赛手培训（CUKA）工作已经开展四站，在四川成都举办 CUKA 西区赛于 8 月 31 日落下帷幕，湖北文理学院 TSD 车队 在中国大学生卡丁车校际联赛(CUKA)西区赛中荣获第 二 名。特发此函，以示祝贺！

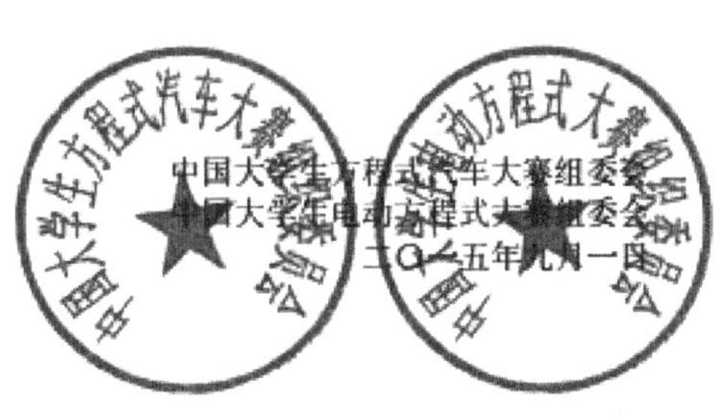

中国大学生方程式汽车大赛组委会
中国大学生电动方程式大赛组委会
二〇一五年九月一日

图 5-18　学科竞赛证书 18

5.2 学生参与知识产权情况

5.2.1 参与授权专利

参与授权专利证书如图 5-19~图 5-34 所示。

证书号第2607285号

发明专利证书

发 明 名 称：基于萤火虫算法优化BP神经网络的最佳滑移率识别方法

发 明 人：吴华伟；张远进；叶从进

专 利 号：ZL 2016 1 1182045.0

专利申请日：2016年12月20日

专 利 权 人：湖北文理学院

授权公告日：2017年09月05日

本发明经过本局依照中华人民共和国专利法进行审查，决定授予专利权，颁发本证书并在专利登记簿上予以登记。专利权自授权公告之日起生效。

本专利的专利权期限为二十年，自申请日起算。专利权人应当依照专利法及其实施细则规定缴纳年费。本专利的年费应当在每年12月20日前缴纳。未按照规定缴纳年费的，专利权自应当缴纳年费期满之日起终止。

专利证书记载专利权登记时的法律状况。专利权的转移、质押、无效、终止、恢复和专利权人的姓名或名称、国籍、地址变更等事项记载在专利登记簿上。

局长
申长雨

2017年09月05日

第1页（共1页）

图 5-19 专利证书 1

证书号第2607285号

发明专利证书

发 明 名 称：基于萤火虫算法优化BP神经网络的最佳滑移率识别方法

发　明　人：吴华伟；张远进；叶从进

专　利　号：ZL 2016 1 1182045.0

专利申请日：2016年12月20日

专 利 权 人：湖北文理学院

授权公告日：2017年09月05日

本发明经过本局依照中华人民共和国专利法进行审查，决定授予专利权，颁发本证书并在专利登记簿上予以登记。专利权自授权公告之日起生效。

本专利的专利权期限为二十年，自申请日起算。专利权人应当依照专利法及其实施细则规定缴纳年费。本专利的年费应当在每年12月20日前缴纳。未按照规定缴纳年费的，专利权自应当缴纳年费期满之日起终止。

专利证书记载专利权登记时的法律状况。专利权的转移、质押、无效、终止、恢复和专利权人的姓名或名称、国籍、地址变更等事项记载在专利登记簿上。

局长
申长雨

第1页（共1页）

图 5-20　专利证书 2

证书号第3044135号

发明专利证书

发 明 名 称：一种淬火铝合金板的拉伸系统及拉伸方法

发　明　人：丁华锋;吴华伟;景文倩;聂金泉

专　利　号：ZL 2017 1 0001959.0

专利申请日：2017年01月03日

专 利 权 人：湖北文理学院

地　　　址：441053 湖北省襄樊市隆中路296号

授权公告日：2018年08月24日　　　授权公告号：CN 106807821 B

本发明经过本局依照中华人民共和国专利法进行审查，决定授予专利权，颁发本证书并在专利登记簿上予以登记。专利权自授权公告之日起生效。

本专利的专利权期限为二十年，自申请日起算。专利权人应当依照专利法及其实施细则规定缴纳年费。本专利的年费应当在每年01月03日前缴纳。未按照规定缴纳年费的，专利权自应当缴纳年费期满之日起终止。

专利证书记载专利权登记时的法律状况。专利权的转移、质押、无效、终止、恢复和专利权人的姓名或名称、国籍、地址变更等事项记载在专利登记簿上。

局长
申长雨

第1页（共1页）

图5-21　专利证书3

附件 1

证书号第1117632号

发明专利证书

发明名称：一种飞机防滑刹车控制系统

发明人：刘文胜；吴华伟；黄伟明；胡春凯

专利号：ZL 2011 1 0097067.8

专利申请日：2011年04月18日

专利权人：中南大学；长沙鑫航机轮刹车有限公司

授权公告日：2013年01月09日

本发明经过本局依照中华人民共和国专利法进行审查，决定授予专利权，颁发本证书并在专利登记簿上予以登记。专利权自授权公告日起生效。

本专利的专利权期限为二十年，自申请日起算。专利权人应当依照专利法及其实施细则规定缴纳年费。本专利的年费应当在每年04月18日前缴纳。未按照规定缴纳年费的，专利权自应当缴纳年费期满之日起终止。

专利证书记载专利权登记时的法律状况。专利权的转移、质押、无效、终止、恢复和专利权人的姓名或名称、国籍、地址变更等事项记载在专利登记簿上。

局长 田力普

第1页（共1页）

图 5-22　专利证书 4

证书号第5881685号

实用新型专利证书

实用新型名称：一种多级旋转式石英烘干装置

发　明　人：杜明峻

专　利　号：ZL 2016 2 0886315.5

专利申请日：2016年08月16日

专 利 权 人：湖北文理学院

授权公告日：2017年01月25日

本实用新型经过本局依照中华人民共和国专利法进行初步审查，决定授予专利权，颁发本证书并在专利登记簿上予以登记。专利权自授权公告之日起生效。

本专利的专利权期限为十年，自申请日起算。专利权人应当依照专利法及其实施细则规定缴纳年费。本专利的年费应当在每年08月16日前缴纳。未按照规定缴纳年费的，专利权自应当缴纳年费期满之日起终止。

专利证书记载专利权登记时的法律状况。专利权的转移、质押、无效、终止、恢复和专利权人的姓名或名称、国籍、地址变更等事项记载在专利登记簿上。

局长
申长雨

第1页(共1页)

图5-23　专利证书5

证书号第8336357号

实用新型专利证书

实用新型名称：转向节锥孔固定装置及转向节锥孔内键槽加工系统

发 明 人：吴华伟；刘冬冬；苏业东；叶从进；张远进；聂金泉；丁华锋
景文倩

专 利 号：ZL 2018 2 0965561.9

专利申请日：2018 年 06 月 22 日

专 利 权 人：湖北文理学院

地 址：441000 湖北省襄阳市隆中路 296 号

授权公告日：2019 年 01 月 08 日 授权公告号：CN 208341886 U

国家知识产权局依照中华人民共和国专利法经过初步审查，决定授予专利权，颁发实用新型专利证书并在专利登记簿上予以登记。专利权自授权公告之日起生效。专利权期限为十年，自申请日起算。

专利证书记载专利权登记时的法律状况。专利权的转移、质押、无效、终止、恢复和专利权人的姓名或名称、国籍、地址变更等事项记载在专利登记簿上。

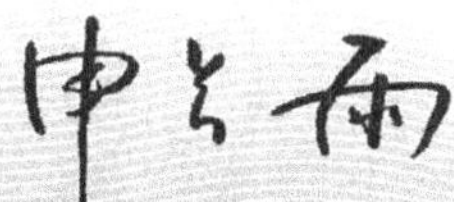

局长
申长雨

2019 年 01 月 08 日

第 1 页 (共 2 页)

其他事项参见背面

图 5-24 专利证书 6

证书号第8325487号

实用新型专利证书

实用新型名称：转向节检测装置和转向节检测设备

发　明　人：吴华伟；吴红静；聂金泉；丁华锋；刘冬冬；苏业东；叶从进
张远进

专　利　号：ZL 2018 2 1047442.1

专利申请日：2018年07月02日

专利权人：湖北文理学院

地　　址：441000 湖北省襄阳市隆中路296号

授权公告日：2019年01月08日　　授权公告号：CN 208350018 U

国家知识产权局依照中华人民共和国专利法经过初步审查，决定授予专利权，颁发实用新型专利证书并在专利登记簿上予以登记。专利权自授权公告之日起生效。专利权期限为十年，自申请日起算。

专利证书记载专利权登记时的法律状况。专利权的转移、质押、无效、终止、恢复和专利权人的姓名或名称、国籍、地址变更等事项记载在专利登记簿上。

局长
申长雨

第1页（共2页）

其他事项参见背面

图5-25　专利证书7

证书号第8333170号

实用新型专利证书

实用新型名称：带有液压缸的转向节锥孔固定装置

发　明　人：吴华伟；刘冬冬；苏业东；叶从进；张远进；聂金泉；丁华锋
景文倩

专　利　号：ZL 2018 2 0975798.5

专利申请日：2018 年 06 月 22 日

专 利 权 人：湖北文理学院

地　　　址：441000 湖北省襄阳市襄阳区隆中路 296 号

授权公告日：2019 年 01 月 08 日　　　授权公告号：CN 208342327 U

国家知识产权局依照中华人民共和国专利法经过初步审查，决定授予专利权，颁发实用新型专利证书并在专利登记簿上予以登记。专利权自授权公告之日起生效。专利权期限为十年，自申请日起算。

专利证书记载专利权登记时的法律状况。专利权的转移、质押、无效、终止、恢复和专利权人的姓名或名称、国籍、地址变更等事项记载在专利登记簿上。

局长
申长雨

2019 年 01 月 08 日

第 1 页（共 2 页）

其他事项参见背面

图 5-26　专利证书 8

证书号第7808889号

实用新型专利证书

实用新型名称：自动上下料装置及具有其的锻造设备

发　明　人：吴华伟；张梦；吴红静；聂金泉；丁华锋；刘冬冬；苏业东

专　利　号：ZL 2017 2 1659546.3

专利申请日：2017年12月01日

专 利 权 人：湖北文理学院

地　　　址：441000 湖北省襄阳市隆中路296号

授权公告日：2018年09月07日　　　授权公告号：CN 207827344 U

本实用新型经过本局依照中华人民共和国专利法进行初步审查，决定授予专利权，颁发本证书并在专利登记簿上予以登记。专利权自授权公告之日起生效。

本专利的专利权期限为十年，自申请日起算。专利权人应当依照专利法及其实施细则规定缴纳年费。本专利的年费应当在每年12月01日前缴纳。未按照规定缴纳年费的，专利权自应当缴纳年费期满之日起终止。

专利证书记载专利权登记时的法律状况。专利权的转移、质押、无效、终止、恢复和专利权人的姓名或名称、国籍、地址变更等事项记载在专利登记簿上。

局长
申长雨

第1页（共1页）

图5-27　专利证书9

证书号第5815578号

实用新型专利证书

实用新型名称：一种电池均衡电路

发　明　人：吴华伟；聂金泉；谭志刚；张远进；叶从进

专　利　号：ZL 2016 2 0684287.9

专利申请日：2016 年 07 月 01 日

专利权人：湖北文理学院

授权公告日：2016 年 12 月 28 日

本实用新型经过本局依照中华人民共和国专利法进行初步审查，决定授予专利权，颁发本证书并在专利登记簿上予以登记。专利权自授权公告之日起生效。

本专利的专利权期限为十年，自申请日起算。专利权人应当依照专利法及其实施细则规定缴纳年费。本专利的年费应当在每年 07 月 01 日前缴纳。未按照规定缴纳年费的，专利权自应当缴纳年费期满之日起终止。

专利证书记载专利权登记时的法律状况。专利权的转移、质押、无效、终止、恢复和专利权人的姓名或名称、国籍、地址变更等事项记载在专利登记簿上。

局长
申长雨

2016 年 12 月 28 日

第 1 页（共 1 页）

图 5-28　专利证书 10

证书号第5813718号

实用新型专利证书

实用新型名称：一种润滑油油品检测装置

发　明　人：吴华伟；谭志刚；聂金泉；刘静；张远进

专　利　号：ZL 2016 2 0687781.0

专利申请日：2016年07月01日

专利权人：湖北文理学院

授权公告日：2016年12月28日

本实用新型经过本局依照中华人民共和国专利法进行初步审查，决定授予专利权，颁发本证书并在专利登记簿上予以登记。专利权自授权公告之日起生效。

本专利的专利权期限为十年，自申请日起算。专利权人应当依照专利法及其实施细则规定缴纳年费。本专利的年费应当在每年07月01日前缴纳。未按照规定缴纳年费的，专利权自应当缴纳年费期满之日起终止。

专利证书记载专利权登记时的法律状况。专利权的转移、质押、无效、终止、恢复和专利权人的姓名或名称、国籍、地址变更等事项记载在专利登记簿上。

局长
申长雨

第1页（共1页）

图5-29　专利证书11

证书号第5814536号

实用新型专利证书

实用新型名称：一种无线ECU可靠性检测装置

发　明　人：吴华伟；聂金泉；谭志刚；张远进；叶从进

专　利　号：ZL 2016 2 0686649.8

专利申请日：2016年07月01日

专利权人：湖北文理学院

授权公告日：2016年12月28日

本实用新型经过本局依照中华人民共和国专利法进行初步审查，决定授予专利权，颁发本证书并在专利登记簿上予以登记。专利权自授权公告之日起生效。

本专利的专利权期限为十年，自申请日起算。专利权人应当依照专利法及其实施细则规定缴纳年费。本专利的年费应当在每年07月01日前缴纳。未按照规定缴纳年费的，专利权自应当缴纳年费期满之日起终止。

专利证书记载专利权登记时的法律状况。专利权的转移、质押、无效、终止、恢复和专利权人的姓名或名称、国籍、地址变更等事项记载在专利登记簿上。

局长
申长雨

第1页（共1页）

图 5-30　专利证书 12

证书号第5816015号

实用新型专利证书

实用新型名称：一种自动驾驶电动观光车避障系统

发　明　人：吴华伟；谭志刚；聂金泉；刘静；张远进

专　利　号：ZL 2016 2 0689244.X

专利申请日：2016年07月01日

专利权人：湖北文理学院

授权公告日：2016年12月28日

本实用新型经过本局依照中华人民共和国专利法进行初步审查，决定授予专利权，颁发本证书并在专利登记簿上予以登记。专利权自授权公告之日起生效。

本专利的专利权期限为十年，自申请日起算。专利权人应当依照专利法及其实施细则规定缴纳年费。本专利的年费应当在每年07月01日前缴纳。未按照规定缴纳年费的，专利权自应当缴纳年费期满之日起终止。

专利证书记载专利权登记时的法律状况。专利权的转移、质押、无效、终止、恢复和专利权人的姓名或名称、国籍、地址变更等事项记载在专利登记簿上。

局长
申长雨

第1页（共1页）

图5-31　专利证书13

证书号第6088732号

实用新型专利证书

实用新型名称：纯电动自动循迹农用牵引车

发　明　人：吴华伟；聂金泉；谭志刚

专　利　号：ZL 2016 2 1094830.6

专利申请日：2016 年 09 月 30 日

专利权人：湖北文理学院

授权公告日：2017 年 04 月 19 日

本实用新型经过本局依照中华人民共和国专利法进行初步审查，决定授予专利权，颁发本证书并在专利登记簿上予以登记。专利权自授权公告之日起生效。

本专利的专利权期限为十年，自申请日起算。专利权人应当依照专利法及其实施细则规定缴纳年费。本专利的年费应当在每年 09 月 30 日前缴纳。未按照规定缴纳年费的，专利权自应当缴纳年费期满之日起终止。

专利证书记载专利权登记时的法律状况。专利权的转移、质押、无效、终止、恢复和专利权人的姓名或名称、国籍、地址变更等事项记载在专利登记簿上。

局长
申长雨

2017 年 04 月 19 日

第 1 页（共 1 页）

图 5-32　专利证书 14

证书号第6016584号

实用新型专利证书

实用新型名称：带纯电动自动导航机构的农用牵引机

发　明　人：吴华伟;聂金泉;王伟;叶从进

专　利　号：ZL 2016 2 1013475.5

专利申请日：2016 年 08 月 31 日

专　利　权　人：湖北文理学院

授权公告日：2017 年 03 月 22 日

本实用新型经过本局依照中华人民共和国专利法进行初步审查，决定授予专利权，颁发本证书并在专利登记簿上予以登记。专利权自授权公告之日起生效。

本专利的专利权期限为十年，自申请日起算。专利权人应当依照专利法及其实施细则规定缴纳年费。本专利的年费应当在每年 08 月 31 日前缴纳。未按照规定缴纳年费的，专利权自应当缴纳年费期满之日起终止。

专利证书记载专利权登记时的法律状况。专利权的转移、质押、无效、终止、恢复和专利权人的姓名或名称、国籍、地址变更等事项记载在专利登记簿上。

局长
申长雨

第 1 页 (共 1 页)

图 5-33　专利证书 15

证书号第6016492号

实用新型专利证书

实用新型名称：一种电动农用牵引机

发　明　人：吴华伟；聂金泉；张远进

专　利　号：ZL 2016 2 0988105.7

专利申请日：2016 年 08 月 30 日

专 利 权 人：湖北文理学院

授权公告日：2017 年 03 月 22 日

本实用新型经过本局依照中华人民共和国专利法进行初步审查，决定授予专利权，颁发本证书并在专利登记簿上予以登记。专利权自授权公告之日起生效。

本专利的专利权期限为十年，自申请日起算。专利权人应当依照专利法及其实施细则规定缴纳年费。本专利的年费应当在每年 08 月 30 日前缴纳。未按照规定缴纳年费的，专利权自应当缴纳年费期满之日起终止。

专利证书记载专利权登记时的法律状况。专利权的转移、质押、无效、终止、恢复和专利权人的姓名或名称、国籍、地址变更等事项记载在专利登记簿上。

局长
申长雨

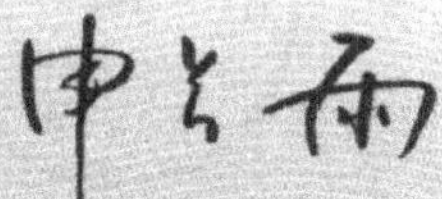

第 1 页（共 1 页）

图 5-34　专利证书 16

5.2.2 指导学生授权计算机著作权

部分计算机软件著作权登记证书如图 5-35~图 5-56 所示。

中华人民共和国国家版权局

计算机软件著作权登记证书

证书号：软著登字第2627984号

软 件 名 称：基于LabVIEW的动力电池气密性检测系统 V1.0

著 作 权 人：湖北文理学院

开发完成日期：2018年02月10日

首次发表日期：未发表

权利取得方式：原始取得

权 利 范 围：全部权利

登 记 号：2018SR298889

根据《计算机软件保护条例》和《计算机软件著作权登记办法》的规定，经中国版权保护中心审核，对以上事项予以登记。

2018年05月03日

No. 02581136

图 5-35 计算机软件著作权登记证书 1

中华人民共和国国家版权局

计算机软件著作权登记证书

证书号：软著登字第2670528号

软 件 名 称：基于LabVIEW的纯电动汽车蓄电池SOC估算系统 V1.0

著 作 权 人：湖北文理学院

开发完成日期：2017年11月22日

首次发表日期：未发表

权利取得方式：原始取得

权 利 范 围：全部权利

登 记 号：2018SR341433

根据《计算机软件保护条例》和《计算机软件著作权登记办法》的规定，经中国版权保护中心审核，对以上事项予以登记。

2018年05月18日

No. 02565597

图 5-36　计算机软件著作权登记证书 2

中华人民共和国国家版权局

计算机软件著作权登记证书

证书号：软著登字第2349190号

软 件 名 称：基于LabVIEW的新能源汽车车载测试系统 V1.0

著 作 权 人：湖北文理学院

开发完成日期：2017年11月15日

首次发表日期：未发表

权利取得方式：原始取得

权 利 范 围：全部权利

登 记 号：2018SR020095

根据《计算机软件保护条例》和《计算机软件著作权登记办法》的规定，经中国版权保护中心审核，对以上事项予以登记。

No. 02227610

中华人民共和国国家版权局 计算机软件著作权登记专用章

2018年01月09日

图 5-37 计算机软件著作权登记证书 3

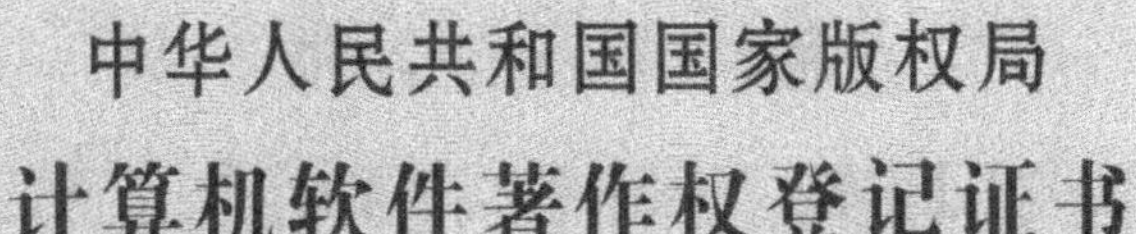
中华人民共和国国家版权局

计算机软件著作权登记证书

证书号：软著登字第2349185号

软 件 名 称：基于Labview的混合动力性能测试系统 V1.0

著 作 权 人：湖北文理学院

开发完成日期：2017年11月13日

首次发表日期：未发表

权利取得方式：原始取得

权 利 范 围：全部权利

登　记　号：2018SR020090

根据《计算机软件保护条例》和《计算机软件著作权登记办法》的规定，经中国版权保护中心审核，对以上事项予以登记。

2018年01月09日

No. 02227609

图 5-38　计算机软件著作权登记证书 4

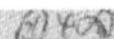

中华人民共和国国家版权局

计算机软件著作权登记证书

证书号：软著登字第2350245号

软 件 名 称：48V纯电动车辆电池管理系统 V1.0

著 作 权 人：湖北文理学院

开发完成日期：2017年10月09日

首次发表日期：未发表

权利取得方式：原始取得

权 利 范 围：全部权利

登 记 号：2018SR021150

根据《计算机软件保护条例》和《计算机软件著作权登记办法》的规定，经中国版权保护中心审核，对以上事项予以登记。

No. 02240250

2018年01月09日

图 5-39 计算机软件著作权登记证书 5

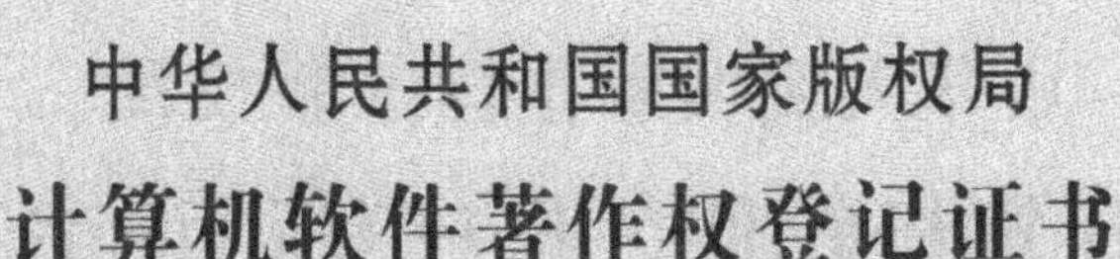

中华人民共和国国家版权局

计算机软件著作权登记证书

证书号：软著登字第2349936号

软 件 名 称：汽车转向节锻造模具修复管理系统
V1.0.1

著 作 权 人：湖北文理学院

开发完成日期：2017年06月20日

首次发表日期：未发表

权利取得方式：原始取得

权 利 范 围：全部权利

登 记 号：2018SR020841

根据《计算机软件保护条例》和《计算机软件著作权登记办法》的规定，经中国版权保护中心审核，对以上事项予以登记。

2018年01月09日

No. 02228896

图 5-40 计算机软件著作权登记证书 6

中华人民共和国国家版权局

计算机软件著作权登记证书

证书号：软著登字第2349881号

软件名称：模具锻造管理系统 V1.0

著作权人：湖北文理学院

开发完成日期：2017年08月26日

首次发表日期：未发表

权利取得方式：原始取得

权利范围：全部权利

登记号：2018SR020786

根据《计算机软件保护条例》和《计算机软件著作权登记办法》的规定，经中国版权保护中心审核，对以上事项予以登记。

No. 02228888

2018年01月09日

图 5-41 计算机软件著作权登记证书 7

中华人民共和国国家版权局

计算机软件著作权登记证书

证书号：软著登字第1822187号

软 件 名 称：复杂环境下锻件身份识别系统
V1.0.1

著 作 权 人：湖北文理学院;湖北三环锻造有限公司

开发完成日期：2017年03月30日

首次发表日期：未发表

权利取得方式：原始取得

权 利 范 围：全部权利

登 记 号：2017SR236903

根据《计算机软件保护条例》和《计算机软件著作权登记办法》的规定，经中国版权保护中心审核，对以上事项予以登记。

中华人民共和国国家版权局
计算机软件著作权
登记专用章
2017年06月06日

No. 01665235

图 5-42　计算机软件著作权登记证书 8

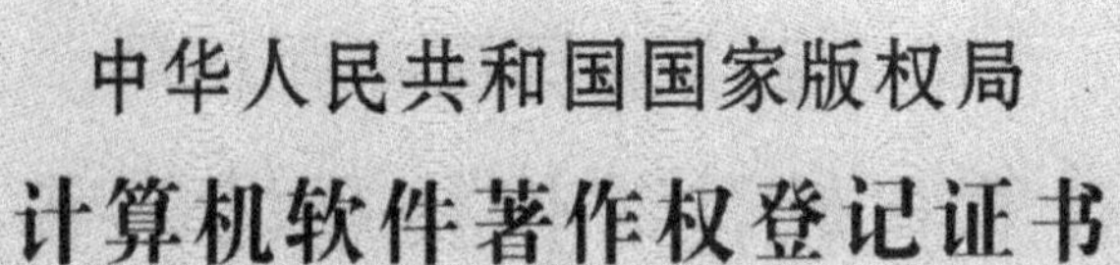

中华人民共和国国家版权局

计算机软件著作权登记证书

证书号：软著登字第1531877号

软 件 名 称：基于锻造设备的生产能耗辅助系统 V1.0

著 作 权 人：湖北三环锻造有限公司

开发完成日期：2016年09月01日

首次发表日期：未发表

权利取得方式：原始取得

权 利 范 围：全部权利

登 记 号：2016SR353261

根据《计算机软件保护条例》和《计算机软件著作权登记办法》的规定，经中国版权保护中心审核，对以上事项予以登记。

中华人民共和国国家版权局 计算机软件著作权登记专用章

No. 01339806

2016年12月05日

图 5-43 计算机软件著作权登记证书 9

中华人民共和国国家版权局

计算机软件著作权登记证书

证书号：软著登字第1891647号

软 件 名 称：基于图像识别的检测系统
V1.0

著 作 权 人：湖北文理学院

开发完成日期：2017年04月20日

首次发表日期：未发表

权利取得方式：原始取得

权 利 范 围：全部权利

登　记　号：2017SR306363

根据《计算机软件保护条例》和《计算机软件著作权登记办法》的规定，经中国版权保护中心审核，对以上事项予以登记。

中华人民共和国国家版权局
计算机软件著作权
登记专用章

No. 01732734

2017年06月23日

图 5-44　计算机软件著作权登记证书 10

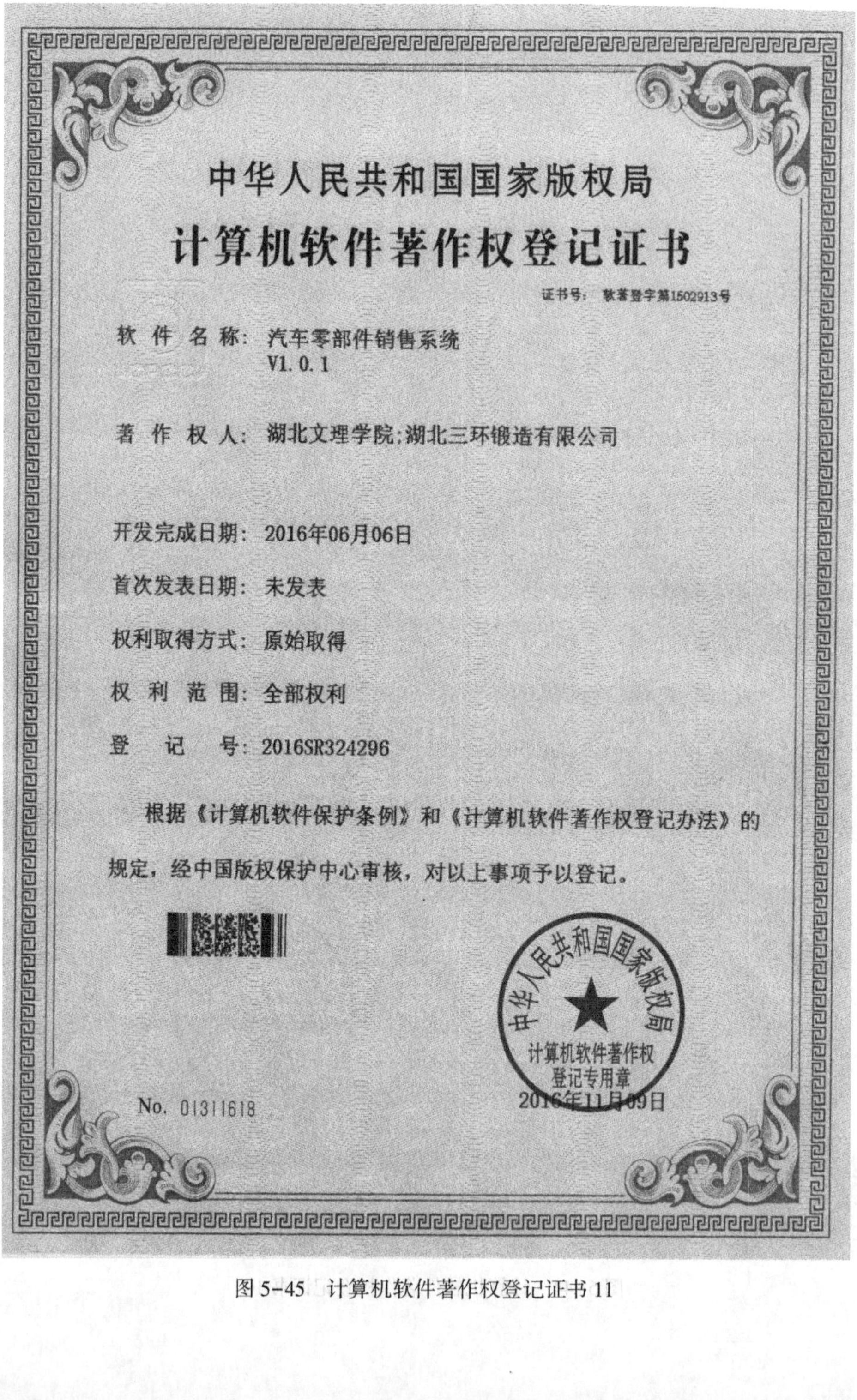

中华人民共和国国家版权局

计算机软件著作权登记证书

证书号：软著登字第1502913号

软 件 名 称：汽车零部件销售系统
V1.0.1

著 作 权 人：湖北文理学院;湖北三环锻造有限公司

开发完成日期：2016年06月06日

首次发表日期：未发表

权利取得方式：原始取得

权 利 范 围：全部权利

登 记 号：2016SR324296

根据《计算机软件保护条例》和《计算机软件著作权登记办法》的规定，经中国版权保护中心审核，对以上事项予以登记。

中华人民共和国国家版权局
计算机软件著作权
登记专用章
2016年11月09日

No. 01311618

图 5-45 计算机软件著作权登记证书 11

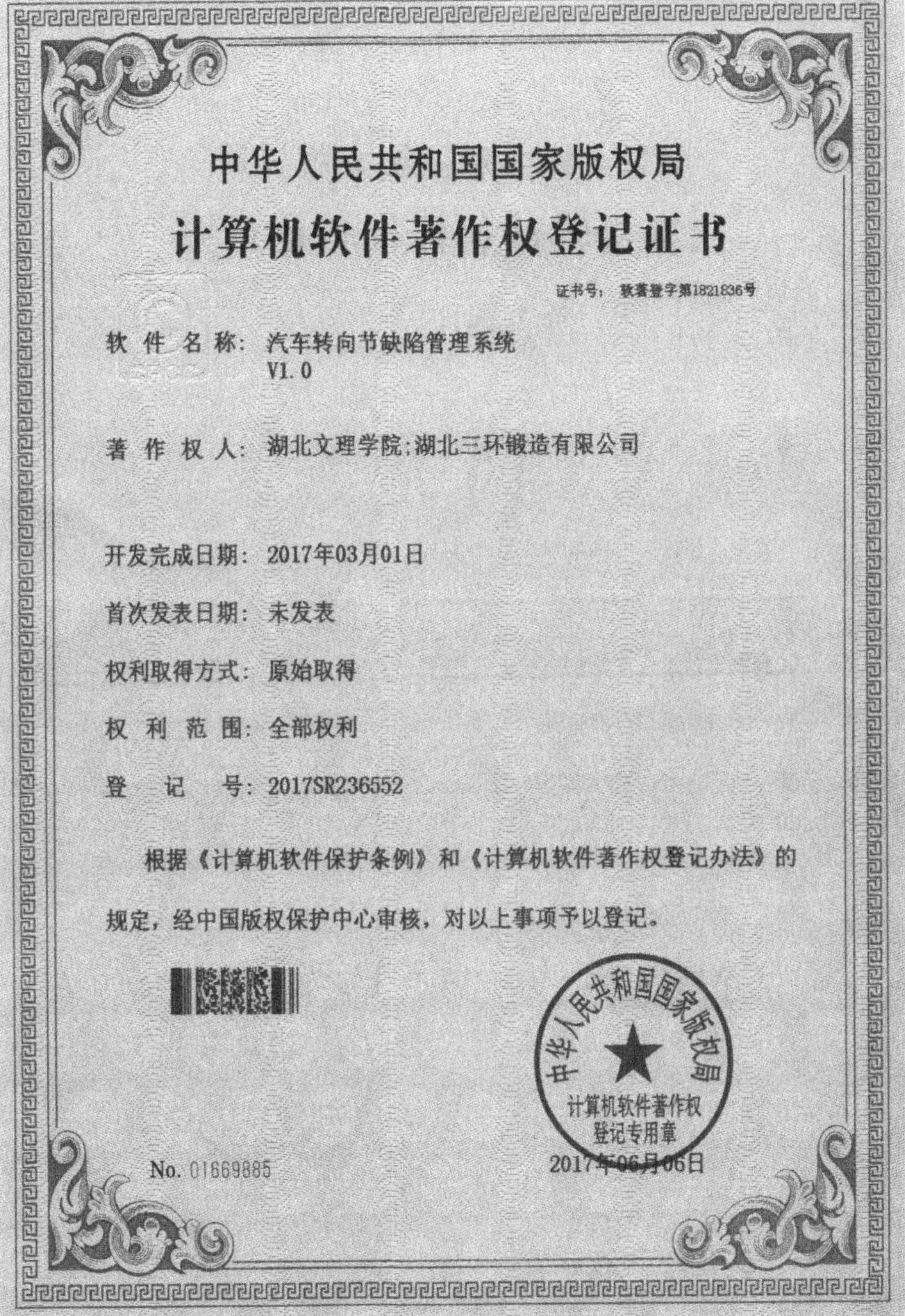

中华人民共和国国家版权局

计算机软件著作权登记证书

证书号：软著登字第1821836号

软件名称：汽车转向节缺陷管理系统 V1.0

著作权人：湖北文理学院;湖北三环锻造有限公司

开发完成日期：2017年03月01日

首次发表日期：未发表

权利取得方式：原始取得

权利范围：全部权利

登记号：2017SR236552

根据《计算机软件保护条例》和《计算机软件著作权登记办法》的规定，经中国版权保护中心审核，对以上事项予以登记。

中华人民共和国国家版权局 计算机软件著作权登记专用章

2017年06月06日

No. 01669885

图 5-46　计算机软件著作权登记证书 12

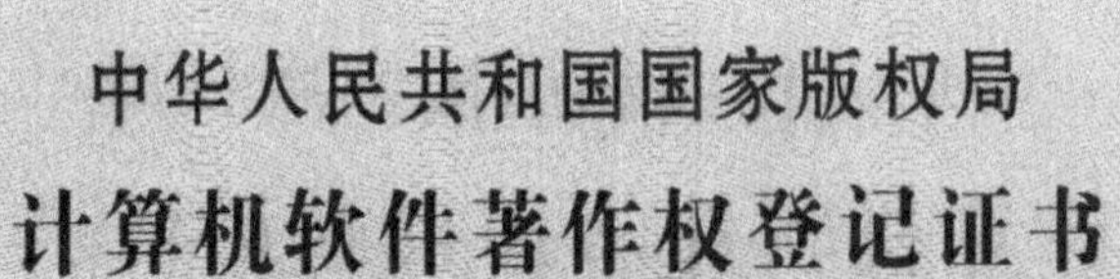

中华人民共和国国家版权局

计算机软件著作权登记证书

证书号：软著登字第1650143号

软 件 名 称：汽车组合仪表测试系统
V1.0.1

著 作 权 人：湖北文理学院;东风汽车电子有限公司

开发完成日期：2014年02月23日

首次发表日期：未发表

权利取得方式：原始取得

权 利 范 围：全部权利

登 记 号：2017SR064859

根据《计算机软件保护条例》和《计算机软件著作权登记办法》的规定，经中国版权保护中心审核，对以上事项予以登记。

No. 01464878

2017年03月02日

图 5-47 计算机软件著作权登记证书 13

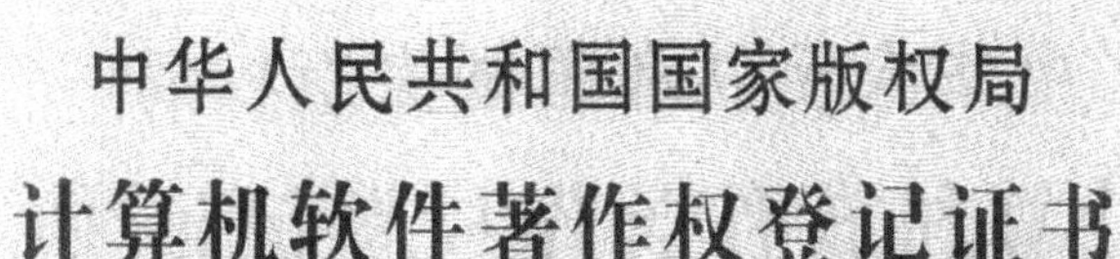

中华人民共和国国家版权局

计算机软件著作权登记证书

证书号：软著登字第1698322号

软 件 名 称：商用车磁电式轮速传感器检测系统
V1.0.1

著 作 权 人：湖北文理学院;东风汽车电子有限公司

开发完成日期：2016年07月13日

首次发表日期：未发表

权利取得方式：原始取得

权 利 范 围：全部权利

登 记 号：2017SR113038

根据《计算机软件保护条例》和《计算机软件著作权登记办法》的规定，经中国版权保护中心审核，对以上事项予以登记。

No. 01547114

2017年04月13日

图 5-48　计算机软件著作权登记证书 14

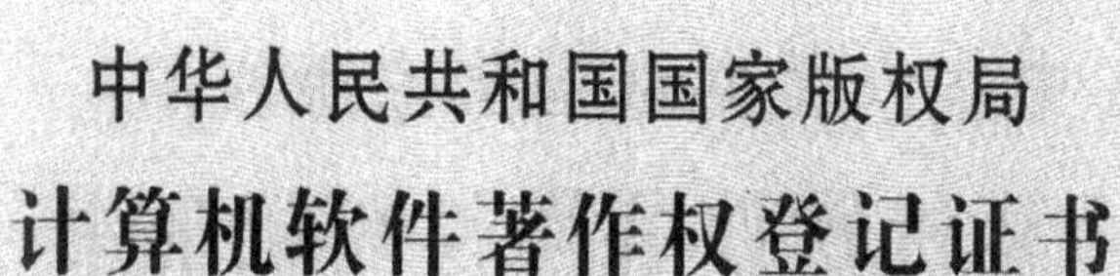

中华人民共和国国家版权局

计算机软件著作权登记证书

证书号： 软著登字第1698422号

软 件 名 称： 商用车霍尔式轮速传感器检测系统 V1.0

著 作 权 人： 湖北文理学院;东风汽车电子有限公司

开发完成日期： 2017年01月18日

首次发表日期： 未发表

权利取得方式： 原始取得

权 利 范 围： 全部权利

登 记 号： 2017SR113138

根据《计算机软件保护条例》和《计算机软件著作权登记办法》的规定，经中国版权保护中心审核，对以上事项予以登记。

No. 01547132

2017年04月13日

图 5-49 计算机软件著作权登记证书 15

中华人民共和国国家版权局

计算机软件著作权登记证书

证书号：软著登字第1698426号

软 件 名 称：商用车仪表生产管理系统
V1.0.1

著 作 权 人：湖北文理学院;东风汽车电子有限公司

开发完成日期：2014年01月13日

首次发表日期：未发表

权利取得方式：原始取得

权 利 范 围：全部权利

登 记 号：2017SR113142

根据《计算机软件保护条例》和《计算机软件著作权登记办法》的规定，经中国版权保护中心审核，对以上事项予以登记。

中华人民共和国国家版权局
计算机软件著作权
登记专用章

No. 01547134

2017年04月13日

图 5-50　计算机软件著作权登记证书 16

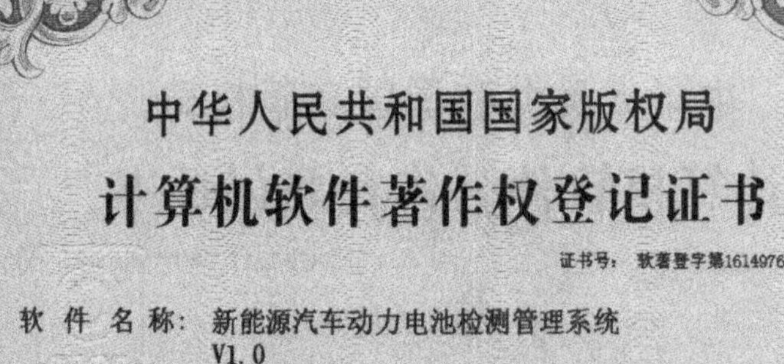

中华人民共和国国家版权局

计算机软件著作权登记证书

证书号：软著登字第1614976号

软 件 名 称：新能源汽车动力电池检测管理系统
V1.0

著 作 权 人：湖北文理学院;襄阳首信质量检测技术有限公司

开发完成日期：2016年11月01日

首次发表日期：未发表

权利取得方式：原始取得

权 利 范 围：全部权利

登 记 号：2017SR029692

根据《计算机软件保护条例》和《计算机软件著作权登记办法》的规定，经中国版权保护中心审核，对以上事项予以登记。

No. 01427219

2017年02月04日

图 5-51 计算机软件著作权登记证书 17

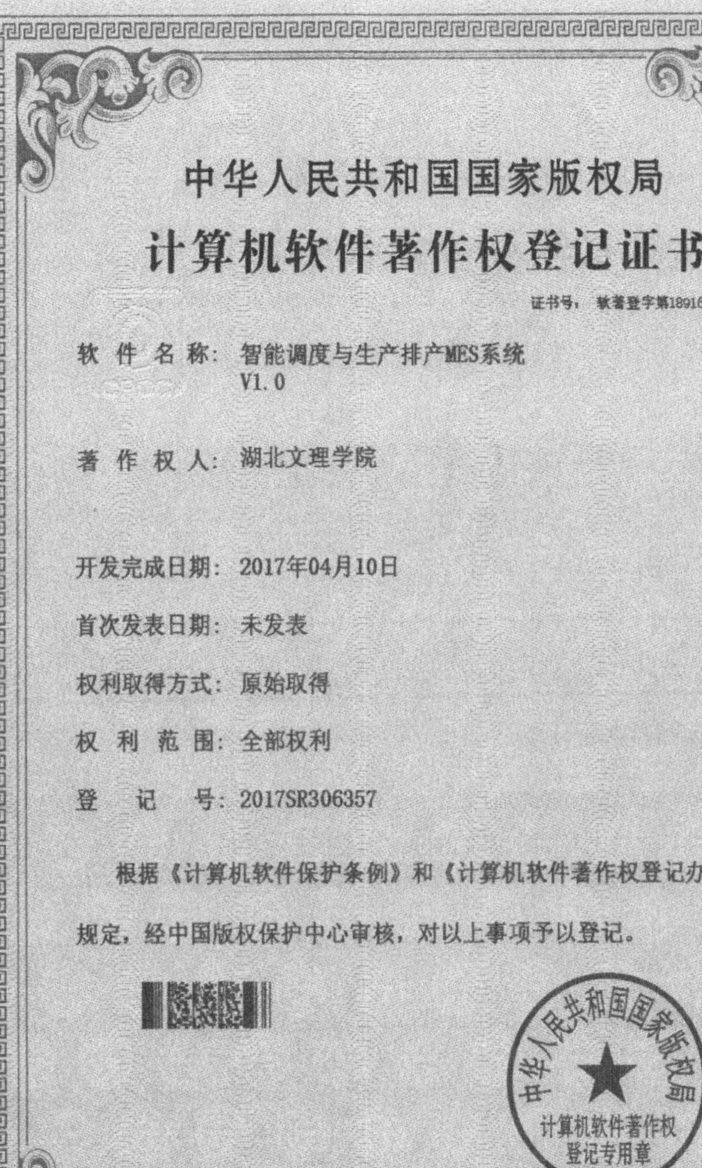

中华人民共和国国家版权局

计算机软件著作权登记证书

证书号：软著登字第1891641号

软件名称：智能调度与生产排产MES系统 V1.0

著作权人：湖北文理学院

开发完成日期：2017年04月10日

首次发表日期：未发表

权利取得方式：原始取得

权利范围：全部权利

登记号：2017SR306357

根据《计算机软件保护条例》和《计算机软件著作权登记办法》的规定，经中国版权保护中心审核，对以上事项予以登记。

No. 01732733

2017年06月23日

图 5-52　计算机软件著作权登记证书 18

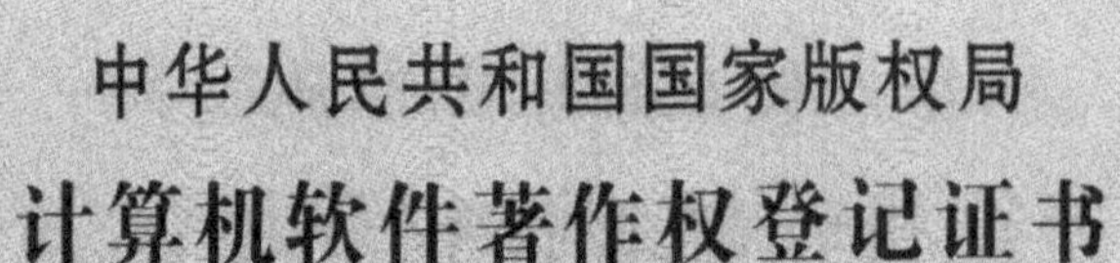

中华人民共和国国家版权局

计算机软件著作权登记证书

证书号：软著登字第1614988号

软 件 名 称：纯电动车电机控制器检测系统
V1.0.1

著 作 权 人：湖北文理学院；襄阳首信质量检测技术有限公司

开发完成日期：2016年11月01日

首次发表日期：未发表

权利取得方式：原始取得

权 利 范 围：全部权利

登 记 号：2017SR029704

根据《计算机软件保护条例》和《计算机软件著作权登记办法》的规定，经中国版权保护中心审核，对以上事项予以登记。

No. 01427223

2017年02月04日

图 5-53 计算机软件著作权登记证书 19

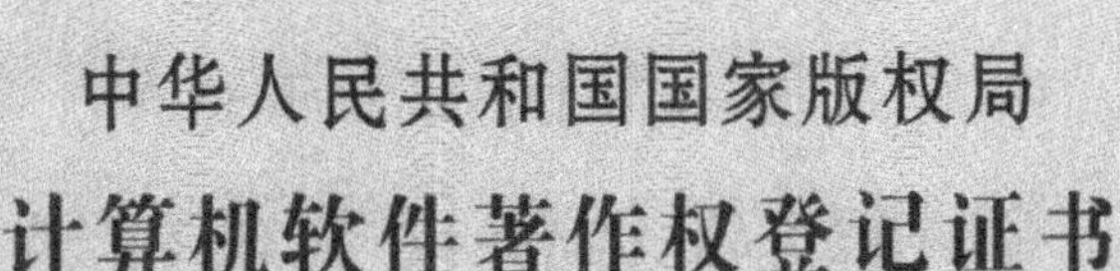

中华人民共和国国家版权局

计算机软件著作权登记证书

证书号：软著登字第1532002号

软 件 名 称：锻造生产线工位器具管理系统
V1.0.1

著 作 权 人：湖北三环锻造有限公司

开发完成日期：2016年07月25日

首次发表日期：未发表

权利取得方式：原始取得

权 利 范 围：全部权利

登　记　号：2016SR353386

根据《计算机软件保护条例》和《计算机软件著作权登记办法》的规定，经中国版权保护中心审核，对以上事项予以登记。

2016年12月05日

No. 01339820

图 5-54　计算机软件著作权登记证书 20

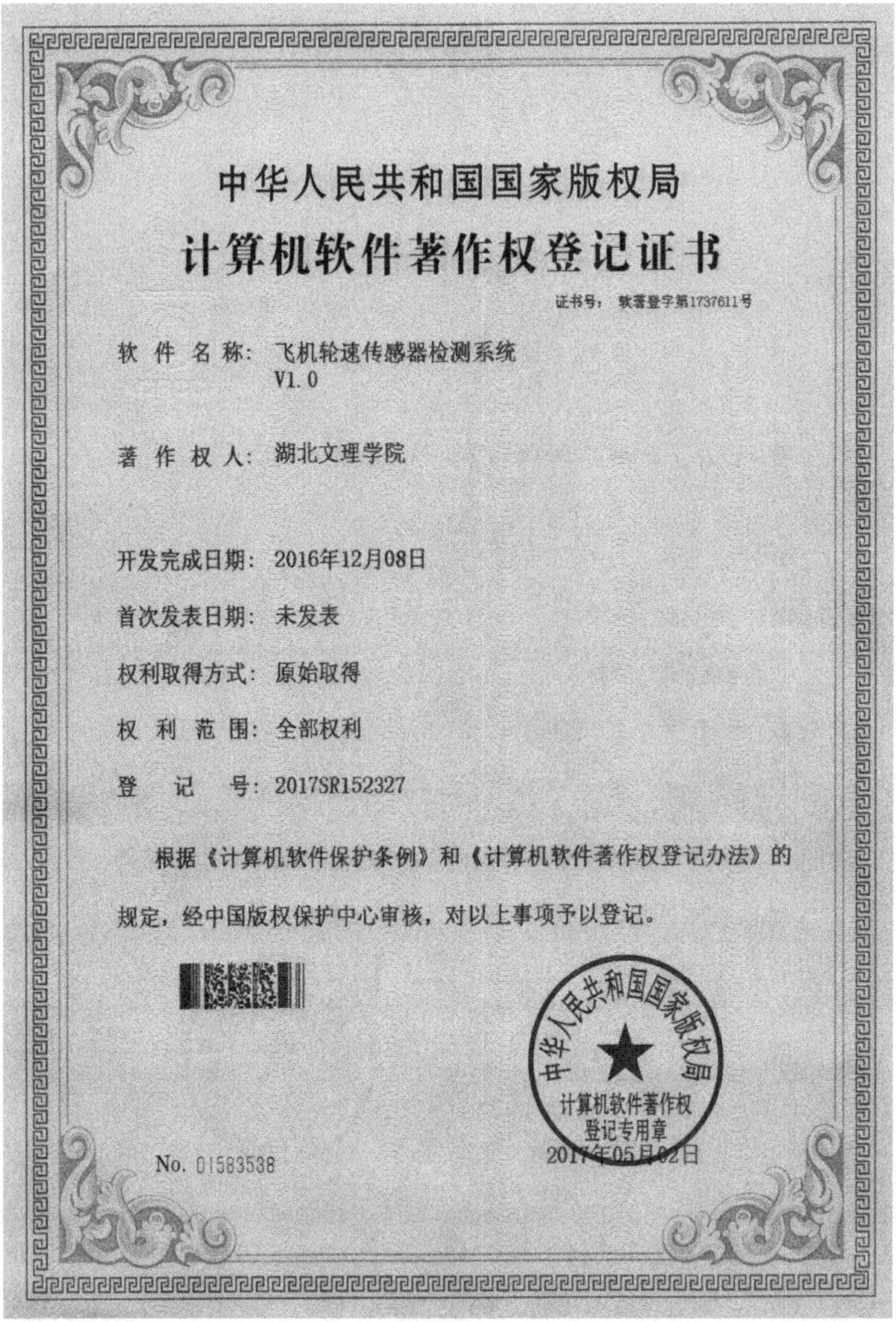

中华人民共和国国家版权局

计算机软件著作权登记证书

证书号：软著登字第1737611号

软件名称：飞机轮速传感器检测系统 V1.0

著作权人：湖北文理学院

开发完成日期：2016年12月08日

首次发表日期：未发表

权利取得方式：原始取得

权利范围：全部权利

登记号：2017SR152327

根据《计算机软件保护条例》和《计算机软件著作权登记办法》的规定，经中国版权保护中心审核，对以上事项予以登记。

中华人民共和国国家版权局 计算机软件著作权登记专用章

2017年05月02日

No. 01583538

图 5-55 计算机软件著作权登记证书 21

中华人民共和国国家版权局

计算机软件著作权登记证书

证书号：软著登字第1898238号

软 件 名 称：48V纯电动车辆前端信息显示系统 V1.0

著 作 权 人：湖北文理学院

开发完成日期：2017年04月07日

首次发表日期：未发表

权利取得方式：原始取得

权 利 范 围：全部权利

登 记 号：2017SR312954

根据《计算机软件保护条例》和《计算机软件著作权登记办法》的规定，经中国版权保护中心审核，对以上事项予以登记。

2017年06月27日

No. 01762038

图 5-56　计算机软件著作权登记证书 22

5.3 学生参与的科研项目

5.3.1 省部级科研项目

（1）“纯电动汽车动力系统设计与测试平台”项目，获得了中央引导地方科技发展专项资金 100 万元资助（鄂财政〔2017〕80 号文）。

（2）“新能源轻型商用车集成式电驱控制器的研究及应用”成功获批 2017 年湖北省技术创新重大专项 50 万元经费资助（2017AA133，鄂科技厅通〔2017〕95 号文）。

（3）“汽车转向节轻量化技术研究及开发”获 2017 年湖北省产学研后补助项目（2017AFB154，鄂科技厅通〔2017〕72 号文）。

（4）“新能源器汽车动力系统匹配与测试”获 2017 年湖北省产学研后补助项目（2017AFB374，鄂科技厅通〔2017〕72 号文）。

（5）“新能源商用车故障代码系统规范”获批湖北省新能源汽车标准创新联盟立项建设（T/HBXQ1-2017）。

5.3.2 学生参与的省部级科技成果登记

部分省部级科技成果登记证书如图 5-57～图 5-60 所示。

工业和信息化部
科学技术成果登记证书

登记号:3392017Y0072

科技成果名称：中重型商用车模块化多功能智能仪表平台开发及应用

完 成 单 位 ：湖北文理学院
东风汽车电子有限公司

登 记 机 构 ：工业和信息化部电子科学技术情报研究所

二〇一七年四月十八日

图 5-57 部级科学技术成果登记证书

页码：1/1

湖北省
科技成果登记证书

（正本）

科技成果名称：汽车组合仪表测试系统

完成单位：湖北文理学院
东风汽车电子有限公司

主要完成人员：吴华伟　张远进　侯　斐　聂金泉
何银山

登记号：EK2017E140071000615

登记机构：湖北省科学技术厅

此证依据《湖北省科学技术成果登记与统计工作管理办法》颁发。

ZE621NRQ1491819724239

2017年 04月 24日

图 5-58　省级科技成果登记证书 1

Page 1 of 1

湖北省

科技成果登记证书

（正本）

科技成果名称：小型纯电动乘用车电机控制器研究及应用

完成单位：湖北文理学院
东风汽车电子有限公司

主要完成人员：吴华伟　卢　平　耿向阳　汪　云
杨中伟　聂金泉　何银山　张远进
刘　浩　王道成

登记号：EK2016D140079000913

登记机构：湖北省科学技术厅

此证依据《湖北省科学技术成果登记与统计工作管理办法》颁发。

2016 年 06 月 13 日

图 5-59　省级科技成果登记证书 2

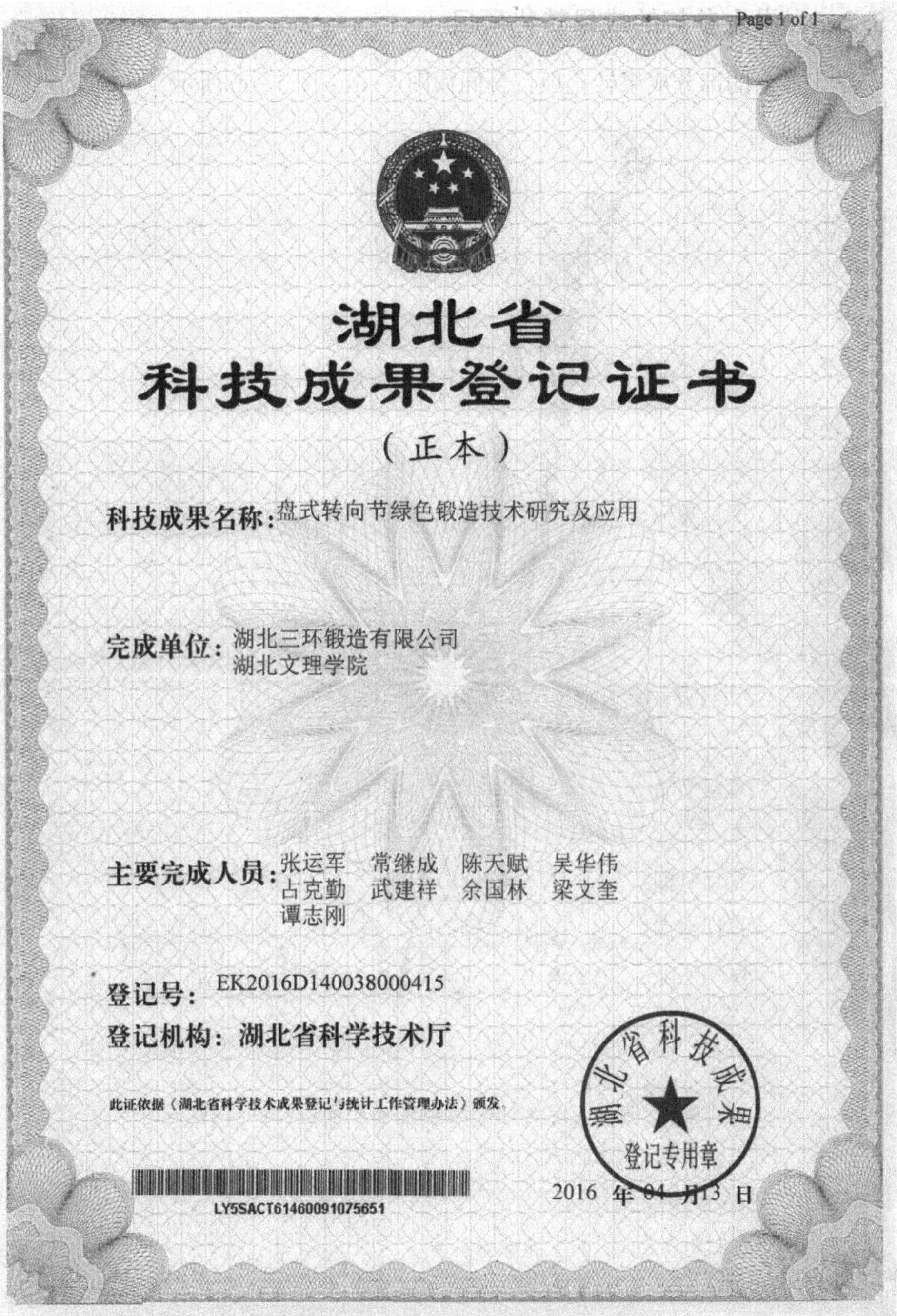

Page 1 of 1

湖北省
科技成果登记证书
（正本）

科技成果名称：盘式转向节绿色锻造技术研究及应用

完成单位：湖北三环锻造有限公司
湖北文理学院

主要完成人员：张运军 常继成 陈天赋 吴华伟
占克勤 武建祥 余国林 梁文奎
谭志刚

登记号：EK2016D140038000415

登记机构：湖北省科学技术厅

此证依据《湖北省科学技术成果登记与统计工作管理办法》颁发。

2016 年 04 月 13 日

图 5-60 省级科技成果登记证书 3

5.3.3 学生参与的成果转化项目

学生参与的部分成果转化项目合同如图 5-61～图 5-66 所示。

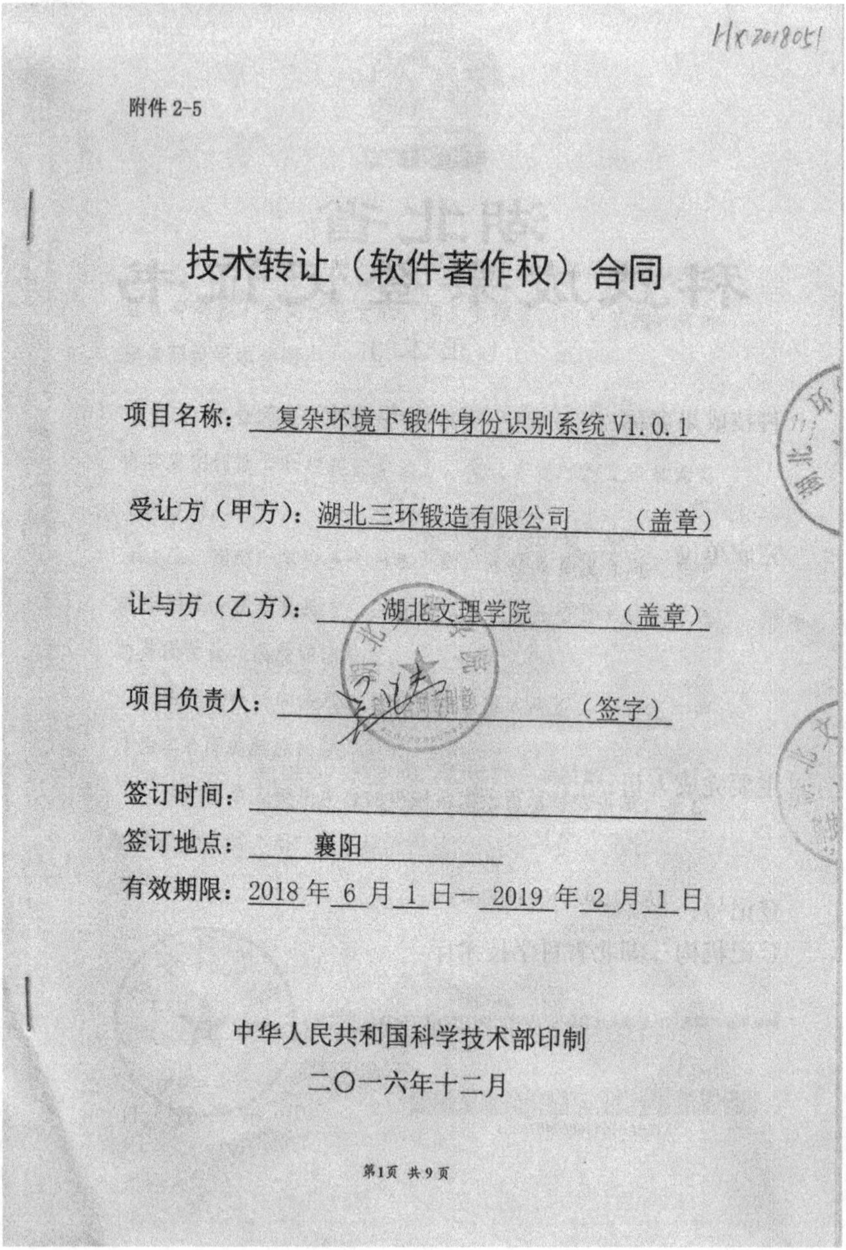

HX2018051

附件 2-5

技术转让（软件著作权）合同

项目名称：复杂环境下锻件身份识别系统 V1.0.1

受让方（甲方）：湖北三环锻造有限公司　　（盖章）

让与方（乙方）：湖北文理学院　　（盖章）

项目负责人：　　（签字）

签订时间：

签订地点：襄阳

有效期限：2018 年 6 月 1 日一 2019 年 2 月 1 日

中华人民共和国科学技术部印制

二〇一六年十二月

第1页 共9页

图 5-61　技术转让合同 1-1

本合同乙方将其＿复杂环境下锻件身份识别系统 V1.0.1＿的软件著作权转让甲方，甲方受让并支付相应的转让价款。双方经过平等协商，在真实、充分地表达各自意愿的基础上，根据《中华人民共和国合同法》的规定，达成如下协议，并由双方共同恪守。

第一条　本合同转让的专利权：

1．为＿计算机软件著作权＿。

2．发明人/设计人为：吴华伟、张远进、聂金泉、丁华锋、景文倩、孙艳玲、张运军、梁文奎、叶从进。

3．软件著作权人：＿湖北文理学院、湖北三环锻造有限公司＿。

4．软件著作权授权日：＿2017 年 3 月 30 日＿。

5．软件著作权号：＿2017SR236903＿。

6．软件著作权有效期限：＿25 年＿。

7．软件著作权年费已交至＿2042 年 3 月 30 日＿。

第二条　乙方在本合同签署前实施或许可本项软件著作权的状况如下：

1．乙方实施本项软件著作权的状况（时间、地点、方式和规模）：＿无＿。

2．乙方许可他人使用本项软件著作权的状况（时间、地点、方式和规模）：＿无＿。

3．本合同生效后，乙方有义务在＿10＿日内将本项软件著作权转让的状况告知被许可使用本发明创造的当事人。

第三条　甲方应在本合同生效后，保证原软件著作权实施许可合同的履行。乙方在原软件著作权实施许可合同中享有的权利和义务，自本合同生效之日起，由甲方承受。乙方应当在＿/＿日内通知并协

第4页　共9页

图 5-62　技术转让合同 1-2

HX2017048

附件 2-5

技术转让（软件著作权）合同

项目名称：汽车转向节缺陷管理系统 V1.0

受让方（甲方）：湖北三环锻造有限公司 （盖章）

让与方（乙方）：湖北文理学院 （盖章）

项目负责人：汪云 （签字）

签订时间：

签订地点：襄阳

有效期限：2017 年 6 月 1 日— 2018 年 2 月 1 日

中华人民共和国科学技术部印制

二〇一六年十二月

第1页 共9页

图 5-63 技术转让合同 2-1

本合同乙方将其＿汽车转向节缺陷管理系统 V1.0＿＿＿的软件著作权转让甲方，甲方受让并支付相应的转让价款。双方经过平等协商，在真实、充分地表达各自意愿的基础上，根据《中华人民共和国合同法》的规定，达成如下协议，并由双方共同恪守。

第一条　本合同转让的专利权：

1. 为＿＿计算机软件著作权＿＿。

2. 发明人/设计人为：汪云、吴华伟、张远进 、聂金泉、孙艳玲、张运军、梁文奎。

3. 软件著作权人：＿湖北文理学院、湖北三环锻造有限公司＿＿。

4. 软件著作权授权日：＿＿2017 年 6 月 6 日＿＿＿＿＿。

5. 软件著作权号：＿＿＿＿2017SR236552＿＿＿＿＿。

6. 软件著作权有效期限：＿25 年＿＿＿＿＿＿。

7. 软件著作权年费已交至＿2042 年 6 月 6 日＿＿＿＿。

第二条　乙方在本合同签署前实施或许可本项软件著作权的状况如下：

1. 乙方实施本项软件著作权的状况（时间、地点、方式和规模）：

＿＿无＿＿＿＿＿＿＿＿＿＿＿＿＿＿＿。

2. 乙方许可他人使用本项软件著作权的状况（时间、地点、方式和规模）：＿＿＿＿无＿＿＿＿＿＿＿＿＿。

3. 本合同生效后，乙方有义务在＿10＿日内将本项软件著作权转让的状况告知被许可使用本发明创造的当事人。

第三条　甲方应在本合同生效后，保证原软件著作权实施许可合同的履行。乙方在原软件著作权实施许可合同中享有的权利和义务，

第4页 共 9 页

图 5-64　技术转让合同 2-2

UX2017047

附件 2-5

技术转让（专利权）合同

项目名称：一种润滑油油品检测装置

受让方（甲方）：湖北三环锻造有限公司 （盖章）

让与方（乙方）：湖北文理学院 （盖章）

项目负责人：吴华伟 （签字）

签订时间：

签订地点：

有效期限：2017 年 6 月 1 日—2018 年 2 月 1 日

中华人民共和国科学技术部印制

二〇一六年十二月

第1页 共9页

图 5-65 技术转让合同 3-1

本合同乙方将其＿一种润滑油油品检测装置＿＿的专利权转让甲方，甲方受让并支付相应的转让价款。双方经过平等协商，在真实、充分地表达各自意愿的基础上，根据《中华人民共和国合同法》的规定，达成如下协议，并由双方共同恪守。

第一条　本合同转让的专利权：

1．为＿实用新型＿专利。

2．发明人/设计人为：吴华伟、谭志刚、聂金泉、刘静、张远进＿。

3．专利权人：＿湖北文理学院＿＿。

4．专利授权日：＿2016 年 12 月 28 日＿＿。

5．专利号：＿ZL201620687781.0＿＿。

6．专利有效期限：＿10 年＿＿。

7.专利年费已交至＿2017 年 12 月 28 日＿＿。

第二条　乙方在本合同签署前实施或许可本项专利权的状况如下：

1．乙方实施本项专利权的状况（时间、地点、方式和规模）：

＿无＿＿。

2．乙方许可他人使用本项专利权的状况（时间、地点、方式和规模）：＿无＿＿。

3．本合同生效后，乙方有义务在＿10＿日内将本项专利权转让的状况告知被许可使用本发明创造的当事人。

第三条　甲方应在本合同生效后，保证原专利实施许可合同的履行。乙方在原专利实施许可合同中享有的权利和义务，自本合同生效之日起，由甲方承受。乙方应当在＿/＿日内通知并协助原专利实施

第4页　共 9 页

图 5-66　技术转让合同 3-2

5.4 学生参与发表的论文

学生参与发表的部分论文如图 5-67～图 5-70 所示。

第 32 卷 第 5 期 重庆理工大学学报(自然科学) 2018 年 5 月
Vol. 32 No. 5 Journal of Chongqing University of Technology (Natural Science) May 2018

doi: 10.3969/j. issn. 1674-8425(z). 2018. 05. 012

本文引用格式：李飞，吴华伟，姜杰. FSAE 赛车双横臂悬架系统设计 [J]. 重庆理工大学学报(自然科学), 2018(5): 77-81.

Citation format: LI Fei, WU Huawei, JIANG Jie. Design of Double Wishbone Suspension System for FSAE Racing Car [J]. Journal of Chongqing University of Technology (Natural Science), 2018(5): 77-81.

FSAE 赛车双横臂悬架系统设计

李 飞[1,2]，吴华伟[1,2]，姜 杰[1,2]

(1. 湖北文理学院 机械与汽车工程学院，湖北 襄阳 441053；
2. 纯电动汽车动力系统设计与测试湖北省重点实验室，湖北 襄阳 441053)

摘 要：根据 FSAE 大赛规则，采用设定基准目标的方法确定整车的轴距、前后轮距、质心位置等重要参数，完成双横臂悬架主要参数、悬架导向机构的设计。利用 CATIA 对悬架各部分零件进行三维建模和装配，运用 ANSYA 对前悬立柱、摇臂进行强度校核。分析结果显示：设计的零件满足材料的强度要求。装配完成后的赛车实际运行结果表明：设计出的双横臂悬架系统具有较好的平顺性，设计方法合理，可为车辆悬架系统的理论计算和轻量化设计提供参考。

关 键 词：FSAE 赛车；双横臂悬架；设计计算；强度校核

中图分类号：U461 文献标识码：A 文章编号：1674-8425(2018)05-0077-05

Design of Double Wishbone Suspension System for FSAE Racing Car

LI Fei[1,2], WU Huawei[1,2], JIANG Jie[1,2]

(1. School of Mechanical and Automotive Engineering, Hubei University of Arts and Science, Xiangyang 441053, China;
2. Hubei Key Laboratory of Power System Design and Test for Electrical Vehicle, Xiangyang 441053, China)

Abstract: According to the rule of FSAE, the important parameters such as the wheelbase, front and rear track and center of mass position of the vehicle are determined by using the method of setting the reference target. The main parameters of the double wishbone suspension and the design calculation of the suspension guide mechanism are completed. The three parts of the suspension are modeled and assembled by CATIA. The strength of the front suspension column and the rocker arm is checked by ANSYA. The results show that the designed parts meet the strength requirements of the material. The results show that the design of the double wishbone suspension system has good ride comfort, and the rationality of the design method of the double wishbone suspension is put forward, which provided a

收稿日期：2018-02-18
基金项目：国家自然科学基金资助项目(51605150)；"机电汽车"湖北省优势特色学科群基金资助项目(XKQ2017008)
作者简介：李飞，女，主要从事车辆工程方面的研究；通讯作者 吴华伟，男，副教授，主要从事汽车可靠性和汽车测试技术等方面研究，E-mail: 2698341084@qq.com。

图 5-67 学生参与发表的论文 1

6th International Conference on Advanced Design and Manufacturing Engineering (ICADME 2016)

Design of Aircraft Antiskid Braking System Based on BP Neural Network and Genetic Algorithm[1]

Yuanjin Zhang[a], Huawei Wu[*b], Zhigang Tan[c]

Hubei University of Arts and Science, Xiangyang, China

[a]394296412@qq.com, [b]9438043@qq.com, [c]309651212@qq.com

Keywords: Aircraft anti-skid brake; BP neural network; Genetic algorithm; Slip ratio

Abstract. In the research of aircraft anti-skid braking system, this paper proposes a control algorithm based on GA – BP. Aiming at the nonlinearity, time variation and uncertainty of aircraft anti-skid braking system, this paper takes the relative slip ratio as the objective function. Under the condition of the consistent parameter, this paper takes the Matlab as the simulation platform. On this basis, system modeling, simulating and performance analyzing are done. The simulation results show that this method is superior to the conventional BP neural network. It provides a good theoretical basis for the optimization design of aircraft braking system.

Introduction

With the rapid development of the aviation industry, the safety and reliability of the aircraft during the flight are more and more concerned by people. aircraft landing is a non-linear, time-varying process， efficient aircraft braking system[2] not only can protect people's safety, but also can be stable in a short time to brake.

BP neural network [1] has a strong ability to deal with nonlinear problems, and the aircraft braking system is a nonlinear system. But BP neural network has a significant disadvantage. BP neural network is easy to fall into the minimum in the process of operation. Genetic algorithm is an innovative evolutionary algorithm. Darwin's theory of evolution suggests that the biological nature of the natural world through selection and inheritance to produce the most adapted to the survival of the offspring, the genetic algorithm is used to imitate the theory to find the best answer in the field of control.

The modeling of aircraft anti-skid braking system

The plane is regarded as the ideal center of mass system; without considering the crosswind and runway asymmetry, The motion of the machine is simplified as the direction of motion and the motion of the vertical direction; Assuming that the braking performance of all the brake wheels are in accordance with the same, and the left and right sides of the motion state of the machine is the same, control box synchronization control.

* Corresponding author: Huawei WU (9438043@qq.com)

This paper is sponsored by science and technology research project of Education Department of Hubei Province Q20142604

　

图 5-68　学生参与发表的论文 2

6th International Conference on Advanced Design and Manufacturing Engineering (ICADME 2016)

Simulation of dynamic and economic performance of pure electric vehicle based on two speed automatic transmission

Zhigang Tan[a], Huawei Wu[b], He Li[c], Yuanjin Zhang[d]

Hubei University of Arts and Science, Xiangyang, China

[a]309651212@qq.com,[b]9438043@qq.com,[c]772048428@qq.com,[d]394296412qq.com

Keywords: Pure electric vehicle; Transmission; Final drive; Simulation; AVL cruise

Abstract. In order to study the influence of transmission matching on the power and economy of pure electric vehicle , The establishment of EQ5038XXYL pure electric van car model and simulate its power and mileage by using AVL cruise platform. On the basis of the original vehicle power transmission system, the automatic transmission with two gears and final drive are added. As a result, the dynamic performance and driving range have been improved to varying degrees . Power acceleration time decreased by 4% , Maximum climb slope increased by 11.3% , Maximum speed increased by 10.5% ; In terms of economy, the driving range increased by 7.3% .

Introduction

At present, the domestic and foreign pure electric vehicle manufacturers in the automotive power transmission system is also matched transmission.However, the fixed speed ratio transmission is not able to meet the needs of various conditions. In this paper, EQ5038XXYL pure electric van model as the research object ,which explores the influence of multi gear transmission on the power and economy of the pure electric vehicle . Because the motor's speed control characteristics is good, the gear reducer of the gear should not be too much, generally not more than three. Therefore, this article on the EQ5038XXYL pure electric van transportation vehicle power transmission system based on matching two gear automatic transmission and final drive.

At present, the software used for pure electric vehicle simulation is mainly:(1) MathWorks developed by MATLAB and its derivative software advisor; (2) Cruise software developed by Austria AVL company.The difference between cruise and advisor is that cruise can be seen as an upgraded version of advisor. AVL cruise has the ability to quickly model, to predict the power and economy of the vehicle, optimize the transmission coefficient . Therefore, this paper selects AVL cruise as a simulation tool to study the power and economy of the pure electric vehicle.

Transmission ratio design

Motor has such a characteristic: When the input power is certain, the speed is slower, the torque is higher;the higher the speed is, the lower the torque is;At this time the motor efficiency is the highest. Therefore, when the input power is certain, the motor will automatically adjust to the most efficient way to output power. The actual performance is when the car stops, you step on the accelerator pedal, because of the inertia of the resistance, the motor automatically adjust to the acceleration pedal you step can achieve the maximum torque, And then in the acceleration process, at each point in time, it is always automatically to reduce the torque in exchange for this time point of the highest speed, So the motor does not need the gearbox. With the gearbox, the car can be faster and is not possible. In the case of a certain input energy, it will only open more slowly,

图 5-69 学生参与发表的论文 3

2017年10月
第10期(总第227期)
轻工科技
LIGHT INDUSTRY SCIENCE AND TECHNOLOGY
机械与电气

提升机轴套类零件加工工艺分析及专用夹具设计

李 飞[1,2]，吴华伟[1,2]，姜 杰[1,2]
（1.湖北文理学院机械与汽车工程学院，湖北 襄阳 441053；2.纯电动汽车动力系统设计与测试湖北省重点实验室，湖北 襄阳 441053）

【摘 要】针对中批量生产提升机轴套类零件，对其尺寸要求进行详细的分析，细化工艺和选择合理的切削用量，减少切削热等所产生的变形。并设计出一套专用夹具加工斜面孔，用以保证该零件的加工质量和效率。为达到零件硬度要求，采取合理的工序热处理。

【关键词】尺寸要求；细化工艺；切削用量；专用夹具
【中图分类号】TG75　【文献识别码】A　【文章编号】2095-3518(2017)10-43-02

1 引言

提升机轴套零件，对轴起到定位的作用，保证各轴能正常运行，并保证部件与其他部分正确安装。其加工质量不仅影响轴的装配精度和运动精度，还会影响轴的工作精度、使用性能和寿命[1]。因此如何细化分析提升机轴套的加工方法是一个非常重要的课题。

提升机轴套斜面上的孔为空间尺寸定位，加工过程中难以准确测量，采用划线钻削的方法不仅加工效率不高，且难以保证孔的形位精度，直接影响零件的装配质量[2]。通过反复论证，本文对零件尺寸要求进行详细的分析，细化工艺和确定合理的切削用量，设计出一套用于斜面孔加工的专用夹具，保证了该类零件的加工质量和效率。

2 零件的分析

利用CAD制图软件，绘制出的提升机轴套零件图如图1所示。其表面上有6个平面需要进行加工，还需加工一系列内孔及其斜面孔。分为四组加工表面，用于确保各加工面的形位精度。主要加工表面及技术分析如下：

(1)以面A为主要加工表面的加工面。这一组加工表面包括：A面和零件顶部端面、φ30孔的上端面和斜孔端面，表面粗糙度要求为 $Ra3.2\mu m$。

(2)以外圆面为主要加工表面的加工面。这一组加工表面包括：φ80、φ125外圆面，表面粗糙度要求为 $Ra6.3\mu m$。

(3)以φ65内孔为主要加工表面的加工面。这一组加工表面包括：φ65、φ90和φ30内圆柱面、孔之间过渡的锥面，粗糙度要求为 $Ra1.6\mu m$ 的内圆柱面和 $Ra6.3\mu m$ 的圆锥面，φ65内孔与A面的垂直度误差为 $0.06\mu m$。

(4)以斜面孔为主要加工表面的加工。这一组加工表面包括：φ14、φ6内圆柱面，孔的中心轴线与A面成48°角。

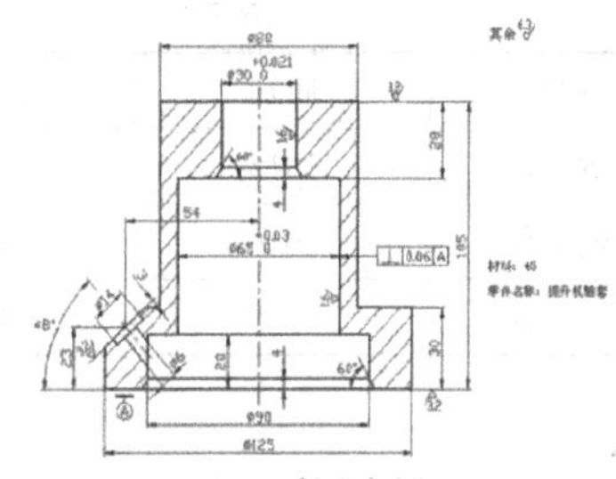

图1 提升机轴套零件图

3 工艺规程设计

3.1 毛坯的设计

零件材料为45号钢，考虑零件在机床运行过程中所受冲击较小，零件结构一般为中批量的生产类型，选择毛坯为普通模锻件。零件属于左右对称型，模锻件的分模面可选在宽度的平分面上，分模线为平直分模线。45钢属于碳的质量分数不小于0.65%的碳素钢，故材质系数约为1，属于 S_1 级。

根据长宽比、高宽比确定模锻斜度为7°，由于零件各加工表面的粗糙度 Ra 均大于等于 $1.6\mu m$，确定出锻件的尺寸公差和机械加工余量如表1所示，绘制毛坯零件合图如图2所示。

表1 锻件的尺寸公差和机械加工余量

表面加工/mm	零件尺寸/mm	机械加工余量/mm	毛坯公差/mm	毛坯尺寸/mm
轴套上下两端面	105	1.5~2.0	[illegible]	107 [illegible]
轴套孔	φ65	1.5~2.0	[illegible]	φ61 [illegible]
轴套孔	φ30	1.5~2.0	[illegible]	Φ26 [illegible]
轴套孔	φ90	1.5~2.0	[illegible]	Φ88 [illegible]
轴套外圆	φ80	1.5~2.0	[illegible]	φ82 [illegible]
A面	125	1.5~2.0	[illegible]	127 [illegible]

【第一作者】李飞(1995－)，女，湖北襄阳人，本科生在读，研究方向：机械设计制造及自动化；
【通信作者】吴华伟(1979－)，男，湖北襄阳人，副教授，研究方向：汽车可靠性和汽车测试技术；

图 5-70　学生参与发表的论文 4

5.5 学生考研及就业情况

近年来学生考研及就业情况见表 5-1 和表 5-2。

表 5-1 近三年车辆工程专业学生考研率

专业	届别	毕业生人数	报考人数	录取人数	录取率/%
车辆工程	2015	154	26	16	10. 39
车辆工程	2016	138	73	30	21. 74
车辆工程	2017	115	50	31	26. 96

表 5-2 近三年车辆工程专业学生就业率

专业	届别	毕业生人数	初次就业率/%	初次就业率位于全校名次
车辆工程	2015	154	100	1
车辆工程	2016	138	98. 44	3
车辆工程	2017	115	98. 06	3

参 考 文 献

[1] 吴华伟，梅雪晴，聂金泉，等．“分类指导、多方联动、校企深度融合”的应用型本科车辆专业人才实践探讨 [J]. 高教学刊，2018（23）：173-175.

[2] 吴华伟，丁华锋、梅雪晴，等．地方本科院校汽车应用型人才校企协同培养探讨与实践 [J]. 轻工科技，2018，34（12）：174-175.

[3] 吴华伟，聂金泉，孙艳玲，等．以应用型人才培养为核心的汽车测试类课程群建设与探讨 [J]. 教育现代化，2018（49）：64-66，120.

[4] 王书贤，向立明，邓利军．校企协同下的车辆工程专业人才培养模式研究 [J]. 教育教学论坛，2017（50）：35-36.

[5] 向立明，邓利军，王书贤．应用型本科院校培养学生应用能力的探索 [J]. 大学教育，2017（10）：51-53.

[6] 吴华伟，聂金泉，景文倩，等．以应用型人才培养为核心的汽车测试技术教学改革初探 [J]. 轻工科技，2017（4）：183-184.

[7] 张磊，高春侠．知识共享模式下研究生课程体系的探索与实践 [J]，电力系统及其自动化学报．2015，27（10）：98-101.

[8] 吴胜利，邢文婷．面向卓越计划汽车测试技术教学模式改革探讨 [J]. 课程教育研究，2016（2）：239.

[9] 姜媛媛，郝娇，高兴军．机械工程测试技术教学改革方法初探 [J]. 大学教育，2016（2）：97.

[10] 孙宁．汽车性能测试技术教学方法浅析 [J]. 高等教育．2015（5）：69.

[11] 郭强．比较与启示：从英国创意阶层的崛起看我国高校文化产业人才培养模式 [J]. 黑龙江高教研究，2017（7）：16-21.

[12] 刘英，高广君．高校人才培养模式的改革及其策略 [J]. 黑龙江高教研究，2011（1）：127-129.

[13] 杨兴林．应用型人才及其培养模式的研究 [J]. 黑龙江高教研究，2007（6）：164-167.

[14] 苗毓海，刘帅．以应用型人才培养为导向的工程管理专业链群建设研究 [J]. 科技经济导刊，2016（25）：139.

[15] 邱杨．以应用型人才培养为核心的汽车测试技术教学改革初探 [J]. 工程技术，2017（7）：298.

[16] 徐惠敏．传感器与测试技术探究式课堂教学改革实践 [J]. 中国教育技术装备，2016（2）：114-117.

[17] 孙宁．汽车性能测试技术教学方法浅析 [J]. 高等教育，2015（5）：69.

[18] 胡忠良，刘伟建，梁耀华，等．现代材料分析与测试技术教学改革与实践 [J]．教育教学论坛，2016（24）：159-160

[19] 王丹，胡俊，隋晓莹．基于区域产学研合作的拔尖创新型设计人才培养模式研究

[J]. 教育现代化 . 2017 (3): 11-12.

[20] 张钡 . 基于产学研合作模式下的人才培养实践探索与路径研究 [J]. 科教文汇 . 2017 (401): 32-34.

[21] 詹中新，吴华伟，雷红华 . 基于襄阳市新能源汽车产业发展的校企合作实证研究 [J]. 教育现代化，2018，5 (14): 28-30.

[22] 朱熹 . 四书章句集注 [M]. 北京：中华书局，2011.

[23] 陈克，张宏远，岳峰丽，等 . 以现代设计方法课程体系群为主线的车辆工程专业工程应用型人才培养模式探讨 [J]. 中国现代教育装备，2017 (9): 29-31.

[24] 郑玲，靳立强，于秀敏 . 以新工科理念为导向，建设车辆工程领域教学案例库 [J]. 教育教学论坛，2018，385 (43): 123-125.

[25] 孙晓帮，石晶，李刚 . 车辆工程专业应用型转型的探索与实践 [J]. 辽宁工业大学学报 (社会科学版) . 2019 (21): 128-130.

[26] 王鹏，郑伟，张洪波，等 . 基于能力产出导向的教学科研协同育人模式研究 [J]. 高等教育研究学报，2019，42 (2): 59-63

[27] 尹彩霞，张平湖，柯锦泉 . 基于大学生创新创业能力培养的学科竞赛“五化”长效机制构建 [J]. 中国现代教育装备，2018，7 (293): 88-91.

[28] 林继铭，张勇，杨建红，等 . 基于大学生方程式汽车大赛的车辆专业教学模式改革 [J]. 教育教学论坛，2019，3 (12): 34-36.

[29] 王来军，胡大伟，严明敏 . 新时代大学生学科竞赛与实践教学的互动研究 [J]. 高教学刊，2018 (17): 79-81，85.

[30] 习近平 . 全国高校思想政治工作会议讲话稿 [N]. 新华社，2016-12-08.

[31] 刘媛华 . 系统工程课程思政教学实践与探索 [J]. 教育教学论坛，2019 (22): 147-148.